中國學術思想研究輯刊

四十編

林慶彰主編

第13冊

禪宗生命學（下）

馮天春著

花木蘭文化事業有限公司

國家圖書館出版品預行編目資料

禪宗生命學（下）／馮天春 著 -- 初版 -- 新北市：花木蘭文化事業有限公司，2024〔民 113〕

目 6+138 面；19×26 公分

（中國學術思想研究輯刊 四十編；第 13 冊）

ISBN 978-626-344-777-6（精裝）

1.CST：禪宗 2.CST：生命論

030.8 113009314

ISBN-978-626-344-777-6

中國學術思想研究輯刊

四十編 第十三冊 ISBN：978-626-344-777-6

禪宗生命學（下）

作 者 馮天春

主 編 林慶彰

總 編 輯 杜潔祥

副總編輯 楊嘉樂

編輯主任 許郁翎

編 輯 潘玟靜、蔡正宣 美術編輯 陳逸婷

出 版 花木蘭文化事業有限公司

發 行 人 高小娟

聯絡地址 235 新北市中和區中安街七二號十三樓

電話：02-2923-1455／傳真：02-2923-1452

網 址 http://www.huamulan.tw 信箱 service@huamulans.com

印 刷 普羅文化出版廣告事業

封面設計 劉開工作室

初 版 2024 年 9 月

定 價 四十編 15 冊（精裝）新台幣 40,000 元

禪宗生命學(下)

馮天春 著

目次

上冊

第四章　禪宗的般若解脫論

般若、解脫，是佛教常用的兩個概念，唐代僧人智周《大乘入道次第》中說：「能證生法二空之智名為般若；所證生法二空真如名如來身；由智證理，離諸障染，不為染縛，名為解脫。」〔註1〕此中般若、解脫，是般若、如來身（多處又表述為法身）、解脫三次第中的兩環節。按照此說，般若、解脫是不同的概念、不同的所指。然而如果從其「內義」「修用」等內在聯繫審視，證得生（人我眾生）空、法空，就是具有了般若智慧；本性呈現，照破、去除障礙雜染繫縛，就是解脫。換言之，在名相上，「般若的生空法空」與「解脫的去除雜染繫縛」當然不是同一所指，但在實踐工夫上，二者卻是相應的進階、證境。二者既互為因果，又互為表現，一而二，二而一。尤其是在禪宗生命學體系中，當指向「生命的修行與解脫」時，般若解脫顯然就是完整融為一體的禪修論、解脫境。強行再去做概念、層次的區分，便已陷入心識作意而未顧及般若解脫在禪法體系中的融會貫通。此處取「般若解脫論」之名，便是出於這一考量。

第一節　般若解脫分釋

般若解脫是禪宗生命學的核心思想之一，不論禪宗的見性理論、修行方法、美學思想，乃至生命關懷等，最終都建立在自性、解脫、妙用等基礎上。生命因般若而得解脫，因解脫而具般若，故所謂般若解脫實為自性的顯化、活用。為充分解說禪宗般若解脫論，此處先從分別梳理般若、解脫的含義入手，

〔註1〕〔唐〕智周：《大乘入道次第》，《大正藏》第45冊，第465頁。

繼而再總釋般若解脫。

一、三種般若

般若有二種、三種、四種、五種等類分，〔註2〕但一般情況下，研究者都喜歡用三種分法：文字般若、觀照般若、實相般若。如吉藏《三論玄義》云：「如三種般若，中是實相般若，觀是觀照般若，論是文字般若。」〔註3〕智者《金光明玄義》云：「云何三種般若？般若名智慧。實相般若，非寂非照，即一切種智；觀照般若，非照即照；方便般若，非寂而寂，即道種智。」〔註4〕禪宗亦多處可見專門闡述般若的言說，如惠能說：「般若者，唐言智慧也。」〔註5〕意即漢語佛教系統中將般若翻譯為智慧。不過其中所指智慧，乃立足於空性根本，凡智慧妙用者，都是般若。又如雪竇重顯著作載：「僧問智門和尚：『如何是般若體？』云：『蚌含明月。』僧云：『如何是般若用？』云：『兔子懷胎。』」〔註6〕圓悟克勤亦云：「般若智光，破生死昏衢之暗。金剛寶劍，截結使纏縛之憂。透脫處一念無多，受用處通身具眼。」〔註7〕從整體上看，禪宗繼承的般若分類還是以三分為主。

（一）文字般若

「文字般若」指一切經教。禪宗講般若直接立足於「體」，雖然有「三種般若」的區別意識，卻是直接從自性高度入手，不論表現為何種相，般若均為

〔註2〕二種般若又細分為三：一為共般若與不共般若。共般若是指為聲聞，緣覺，菩薩所共同說者。不共般若，則指專門為菩薩所說者。二為實相般若與觀照般若。實相般若指如如不動的一切種智，即佛教體系中的絕對真實的本體。從理論上講，它並不是「妙用」意義上的般若，但是，一切妙用都是由它所生起的。觀照般若，指能夠觀照一切法的智慧存在。三為世間般若與出世間般若。世間般若指即世俗中的智慧；出世間般若則指佛教所謂的「大智慧」。三種般若指：實相般若，觀照般若，方便般若（文字般若）。四種般若分別為：般若總相智，般若別相智，般若道種智，般若一切種智。五種般若指：實相般若，觀照般若，文字三般若，境界般若（一切客觀諸法的智慧境界），眷屬般若（可以推動六度的種種修行助緣）。儘管有種種般若類分，但須明白的是都為解說方便，它們都是「一體不異」的。

〔註3〕〔唐〕吉藏：《三論玄義》，《大正藏》第45冊，第13頁。

〔註4〕〔隋〕智者：《金光明經玄義》，《大正藏》第39冊，第3頁。

〔註5〕〔唐〕惠能：《壇經》，《大正藏》第48冊，第350頁。

〔註6〕〔宋〕雪竇重顯：《明覺禪師語錄》卷三，惟蓋竺、允誠等編，《大正藏》第47冊，第689頁。

〔註7〕〔宋〕圓悟克勤：《圓悟佛果禪師語錄》卷三，《大正藏》第47冊，第727頁。

自性智慧之顯現。《壇經》說：「不識自性般若，猶如說食不飽。」〔註8〕具體而言，如果不從自性角度把握般若，文字般若反倒會成為一種障礙，而觀照般若也會缺乏「能觀照」的「體」，無法真正達到智慧觀照。有了自性般若之智，則「一切即一，一即一切。去來自由，心體無滯」〔註9〕，這種境界即所謂的大智慧。按照禪宗的理念，也就是證見自性，泯滅主客對立之境。從這一層面而言，即使禪宗廣講諸多「文字般若」之理，實質上就是在講「自性般若」。

佛教一向注重經教的整理，舉楊「文字般若」，佛教史上的三次大型三藏集結就是最好的明證。毫無疑問，文字的確是智慧的一種表現形式，或說是載體。文字般若的重要性是無法否定的，尤其是佛學研究，整個體系都建立在文字般若之上。不過，於禪宗而言，如果從「見性」的內證角度考量，有無文字般若並非決定性因素。據《壇經・機緣品》載，法達向惠能問學：見明道理之後是否就意味著不用念經？惠能回答：

> 經有何過，豈障汝念。只為迷悟在人，損益由己。口誦心行，即是轉經，口誦心不行，即是被經轉。〔註10〕

換而言之，文字是不是般若乃由人見性的境界而定。文字的存在就是一種工具，在「迷人」處，其般若的內在生命力無法展現，而對於「悟人」，文字不但承載著以心印心的信息，更是般若的妙用。

禪宗常常宣揚「不立文字」，然而並不意味著否定文字之般若功能。例如，「不識字」的惠能聽聞一句「應無所住而生其心」便開悟，本質上就是文字般若的運用。而且，在傳承過程中，禪宗也經常引用、闡釋《心經》《金剛經》《淨名經》《菩薩戒經》《楞伽經》《首楞嚴經》《無量壽經》等，而且眾多禪師還熱衷於語錄編輯，著書立說。如果只會僵化地執認文字相，「只此語言，便是文字之相。又云『直道不立文字』，即此『不立』兩字，亦是文字。」〔註11〕也就是說，禪宗其實很重視文字般若的作用，並且能夠辯證地看待它，使之在實踐中為修行服務。往其根源上說，就是「文字般若」和「自性般若」乃為一體，其智慧之用，前提是不被知解所障，而導致「自性般若」無法顯現，否則就成了魔事：「是求菩提道善男子善女人，用字書般若波羅蜜，自念我書是般

〔註8〕〔唐〕惠能：《壇經》，《大正藏》第48冊，第350頁。
〔註9〕〔唐〕惠能：《壇經》，《大正藏》第48冊，第350頁。
〔註10〕〔唐〕惠能：《壇經》，《大正藏》第48冊，第355頁。
〔註11〕〔唐〕惠能：《壇經》，《大正藏》第48冊，第360頁。

若波羅蜜，以字著般若波羅蜜，當知是亦菩薩魔事。」〔註 12〕但凡無此「念」之執著，文字即為般若。

（二）觀照般若

「觀照般若」是指般若的「能照能覺」，觀照般若屬於自性的活動、功能。有人亦解釋為：「在尋覓中，所有的參究、觀照之過程，即是觀照般若。」〔註 13〕禪宗對觀照般若的闡述，可從兩方面展開：一是主動求取「般若」，多體現在初入門參學中，且多局限於心識執取；二是自性自用，「般若智慧」自觀自照。

人們對「觀照」有時候會分開表述，其實「觀」「照」實為同趣，詮釋其中之一字也無不可。例如，慧遠《觀無量壽經義疏》云：「繫念思察，說以為觀。無量壽者是所觀佛」。〔註 14〕唐代道宣云：「觀者，察義，觀察此誠與佛法相應不相應，即障道過患名字句偈，審諦思量，如實解心，的誠本意，又能隨順止觀二門，此二法者，定始慧初生長一切禪支道品，故名觀。」〔註 15〕從引文看，這些「觀照」多指稱主動求取般若層面，未屬觀照圓融。真正觀照般若，須是「自心無礙，常以智慧觀照自性。不造諸惡，雖修眾善，心不執著」〔註 16〕，即心無所住，自性觀照。也惟其自性啟用，離一切相的「觀照般若」才能顯現。

從這一角度講，觀照般若已屬「果」境，不是再去修，而是修即用，用即修。禪宗所謂「頓悟」即是這一道理，直接從「果」的層面用出般若智慧，當下也就在禪境中。如經云：「若起正真般若觀照，一剎那間，妄念俱滅。」〔註 17〕這即是觀照般若。如是自性自觀自照，當下就是般若大智慧的發生。當然，受眾經常會將這種可能性當做一種心念執著，以為每個人都已即刻證悟，人人都能夠不假修持便能當下般若觀照。須知每個人的見性程度、純熟程度都不相同，故而對此觀照般若，不能執於文字之義，也不能執於「修」「無修」之說。

〔註 12〕《摩訶般若波羅蜜經》，《大正藏》第 8 冊，第 320 頁。

〔註 13〕覺雲：《心經奧義》，宗教文化出版社，2008 年，第 9 頁。

〔註 14〕〔晉〕慧遠：《觀無量壽經義疏》，《大正藏》第 37 冊，第 173 頁。

〔註 15〕〔唐〕道宣：《淨心誡觀法》，《大正藏》第 45 冊，第 819 頁。

〔註 16〕〔唐〕惠能：《壇經》，《大正藏》第 48 冊，第 353 頁。

〔註 17〕〔唐〕惠能：《壇經》，《大正藏》第 48 冊，第 350 頁。

（三）實相般若

「實相般若」重點在於「實相」，名為「般若」是因「實相」能生出般若觀照。從禪宗義理講，實相即佛性、自性、空性，是諸法之本：「實相者，即是一念心之自性也。」〔註 18〕即那如如不動的本根性存在。《大智度論》認為：「實者，無謬錯相。」〔註 19〕意即「實」是絕對真理性存在。而「相」，是相對於本根實體而存在的一切萬物。「實相」重在「實」，而「相」並不是說「實」真的是一種「相」，而是無形無相，無以名之，故建立「實相」概念。實相般若主要有兩種屬性。

一為如實不動。如弘忍說：「如如之心，即是真實。若如是見，即是無上菩薩之自性也。」〔註 20〕此處的「若如是見」，是「性見」，是實相般若「自見」，不應簡單理解為「思維見解」，只有思維見解並不能呈現「無上菩薩之自性」。《壇經》中載：「無二之性，即是實性。實性者，處凡愚而不減，在賢聖而不增，住煩惱而不亂，居禪定而不寂。不斷不常，不來不去，不在中間，及其內外，不生不滅。性相如如，常住不遷，名之曰道。」〔註 21〕這是惠能為薛簡所說，詳細闡釋了如如不動之實相。通俗言之，這種「實相般若」就是「如實」存在著，不受制於世俗善惡倫理的判斷。正因為它沒有任何規定性，才是最徹底永恆的價值依據。這種「實相」永恆寂寥而如如不動，能動的只是因緣。「所言如者名為不異，無變不生無諍真實，以無諍故說名如如。如實知見諸法不生，諸法雖生如如不動，如如雖生一切諸法如如不生。是名法身清淨不變猶如虛空無。」〔註 22〕諸法雖生而性體如如不動，此性體是諸法生滅的根源，並不會受現象界的影響。

二為能生萬相。實相性體雖然如如不動，但它又是生命產生的本根，一旦條件具足，就因緣而動，而創生，顯現出一切生命現象。這就是實相般若能生萬相的屬性，也是人們將它定性為般若的原因所在。陳優禪尼國王子月婆首那所譯《勝天王般若波羅蜜經・法性品第五》中有相關闡釋：「一切聖法由此成就，因是性故顯現聖人。大王，諸佛如來無邊功德不共之法，從此性生由是性出。大王，一切聖人戒定慧品從此性生，諸佛菩薩般若波羅蜜從此

〔註 18〕《大乘入楞伽經・剎那品》，《大正藏》第 37 冊，第 364 頁。
〔註 19〕《大智度論》，《大正藏》第 25 冊，第 548 頁。
〔註 20〕〔唐〕惠能：《壇經》，《大正藏》第 48 冊，第 348 頁。
〔註 21〕〔唐〕惠能：《壇經》，《大正藏》第 48 冊，第 359 頁。
〔註 22〕《勝天王般若波羅蜜經》，《大正藏》第 8 冊，第 700 頁。

性出，是性寂靜過諸名相。」〔註 23〕這是釋迦牟尼向勝天王解說佛法時所說。闡明了實相性體寂靜超過任何名相所指，比任何相狀都更為徹底，廣大虛空，無我，無我所，無高下長短區分，是涅槃寂靜。但是它並非死寂，而是本根層面的生命力，一切戒定慧，三十七道品，聖人等等各種生命現象，都從其中顯化而出。

「實相」本來是本體，不是「用」，但「般若」則是「實相」生發出來的作用顯現。邏輯上講，所有現象都是體的顯化，都應該是般若妙用，故而禪宗才會強調「煩惱即菩提」「性相如如」「體用如如」。但是，這種智慧妙用有一前提——親證「實相」。智旭說：「離一切相即一切法，惟其離一切相故無相，惟其即一切法故無不相。」〔註 24〕這一點，禪宗各支所說大同小異：離一切相，就意味著確證了「實相」的存在，因此「實相」也就顯現為「般若」的運用。

綜合而言，般若雖被概分為文字般若、觀照般若、實相般若，乃至二種、四種、五種，但其實是一體的，只不過在表述時、運用時的側重點不同。如智者在《金剛般若疏鈔》中說：「大論云般若三種：實相、觀照、文字。實相即理境第一義諦體，觀照即行人智慧，智慧鑒此實相，說智及智處皆名為般若。文字能為作詮，亦為般若。故云無離文字說乎解脫。一體三名，同秘密藏。」〔註 25〕又說：「實相般若理性常住，觀照般若破五住惑，文字般若解脫自在。如此三法不縱不橫，非並非別，成秘密藏。」〔註 26〕三者是「一體三名，同秘密藏」，得其一，則「一真一切真」，執迷於其中一者，則「般若成障」。故而，文字般若即是自性的不二顯現。有些研究和闡釋常重點考證幾種般若的含義、範疇。但是從禪宗的基本理念看，幾種般若的實質乃是一體之用，核心還在於確證自性般若。如果從「自性」的高度判定，若非自性作用，則一切相、一切法都成了障道因緣，根本談不上「正真般若」。對此，禪宗的高明之處，正在於以「一心」「自性」來統攝這些悖論的發生，並以真參實修對之進行融會貫通。

二、四種解脫

佛教對解脫有多種分類，如《金剛三昧經》云：「三解脫者，虛空解脫、

〔註 23〕《勝天王般若波羅蜜經》，《大正藏》第 8 冊，第 700 頁。
〔註 24〕〔明〕智旭：《阿彌陀經要解》，《大正藏》第 37 冊，第 364 頁。
〔註 25〕〔隋〕智者：《金剛般若經疏》，《大正藏》第 33 冊，第 75 頁。
〔註 26〕〔隋〕智者：《金剛般若經疏》，《大正藏》第 33 冊，第 75 頁。

金剛解脫、般若解脫。」〔註27〕又優波底沙《解脫道論》卷一云：「以戒定慧解脫殊勝功德，能到最勝名稱無量。解脫道者何義？解脫者五解脫：伏解脫、彼分解脫、斷解脫、猗解脫、離解脫。」〔註28〕故有三解脫、五解脫等說。當然，這並非解脫之全貌、定說。禪宗向來隨語境而立言，本研究從其基本理路出發，將其解脫觀按禪定解脫、見性解脫、覺照解脫、成佛解脫加以闡釋。

（一）禪定解脫

禪宗在特定語境下貶斥禪定，故後世研究者也多承襲此說。導致眾多人認為禪宗否定坐禪的公案源頭主要有三個：

其一是《維摩詰經》中「舍利弗宴坐林中被維摩詰呵」：

> 唯舍利弗，不必是坐為宴坐也。賢者坐當如法不於三界現身意，是為宴坐。不於內意有所住，亦不於外作二觀，是為宴坐。立於禪以滅意現諸身，是為宴坐。於六十二見而不動，於三十七品而觀行，於生死勞垢而不造，在禪行如泥洹。若賢者如是坐如是立，是為明曉如來坐法。〔註29〕

舍利子在樹林中專心坐禪，但遭到了維摩詰的批評，並且維摩詰還隨機闡釋了什麼才是真正的坐禪：「不於三界現身意」是無相坐。「不於內意有所住，亦不於外作二觀」是指無所住，無分別相。總體上，維摩詰所說的「宴坐」即是自性在坐，是作為徹底的「如來坐法」。實質上，這根本不是坐禪了，而是「禪顯現為坐相」，並非否定坐禪。

其二是《壇經》中惠能說「唯論見性，不論禪定解脫」：

> 宗復問曰：「黃梅付囑，如何指授？」惠能曰：「指授即無，惟論見性，不論禪定解脫。」宗曰：「何不論禪定解脫？」能曰：「為是二法，不是佛法，佛法是不二之法。」〔註30〕

惠能非常明確地表達了自己的禪定解脫觀：惟論見性，不論禪定解脫。然而此說是有特定語境的：為是二法，不是佛法，佛法是不二之法。也就是說，如果能做到不執著於禪定解脫，則當然應該推舉禪定解脫。有所執著，禪定當然不能解脫，然若無所執著，禪定亦可解脫，而且還是解脫之利器。然而，禪

〔註27〕《金剛三昧經》，《大正藏》第9冊，第370頁。
〔註28〕〔印〕優波底沙：《解脫道論》卷一，《大正藏》第32冊，第399頁。
〔註29〕《佛說維摩詰經》，《大正藏》第14冊，第521頁。
〔註30〕〔唐〕惠能：《壇經》，《大正藏》第48冊，第349頁。

宗貶斥禪定解脫，只是特定語境之下的適時說法。

其三是「南嶽懷讓度馬祖道一磨磚成鏡」。《指月錄》載：

> 有沙門道一，在衡嶽常習坐禪。師知是法器，往問曰：「大德坐禪圖甚麼？」一曰：「圖作佛。」師乃取一磚，於彼庵前石上磨。一曰：「磨作甚麼？」師曰：「磨作鏡。」一曰：「磨磚豈得成鏡耶。」師曰：「磨磚既不成鏡，坐禪豈得作佛？」一曰：「如何即是？」師曰：「如牛駕車，車若不行，打車即是？打牛即是？」一無對。師又曰：「汝學坐禪，為學坐佛。若學坐禪，禪非坐臥。若學坐佛，佛非定相，於無住法不應取捨。汝若坐佛，即是殺佛。若執坐相，非達其理。」〔註31〕

馬祖道一熱衷於坐禪入定，但是南嶽懷讓告訴他用力方向錯了，就好比想將磚磨成鏡子是不可能的。道一問該怎麼辦，懷讓告訴他，修道就像駕牛車一樣，如果車不動，就應該從牛身上入手，而不是死力打車。懷讓的意思是禪非坐臥，坐禪和解脫並沒有什麼必然聯繫，解脫要從心性下手。然後懷讓很清晰地解釋了修行的道理。

這三個著名的公案解答了什麼是真正的「禪定」，但表義和接受向來存在巨大偏差，後世有很多人都因此形成了「禪宗否定禪定」的認知。確實，很多拘於禪定之人，也只是禪定工夫高，並不是已經見性證悟。坐禪一旦執迷，反而成了禪病，無法再顯現活生生的禪之生命流動。當然，這些「誤解」並不能掩蓋禪宗重視「禪定」，認為禪定也能解脫的事實。

如《天竺國菩提達摩禪師論》云：

> 言「禪定解脫心門」者，禪定能絕念，定即無思。心無思念，體性明淨，離諸結縛，名為解脫。《法華經》云：「禪定解脫等，不可思議法。」故云「禪定解脫心門」。〔註32〕

據達摩此論，禪定至「絕念」，心「無「思想念頭，性體清淨不染，自然就離諸纏縛，在解脫境。而且《法華經》中也說禪定解脫是不可思議法門。這說明中土禪宗初祖認為坐禪能夠解脫。

明代天真本善禪師《天真毒峰善禪師要語》亦云：

> 汝等果能依我修行，須要具我如是誠信決烈，如是守戒行持，如

〔註31〕〔明〕瞿汝稷：《指月錄》，《卍續藏》第83冊，第451頁。

〔註32〕《天竺國菩提達摩禪師論》，方廣錩整理，《藏外佛教文獻》第1冊，第42頁。

是勇猛精進，如是打七煉磨，如是剋期取證，如是禪定解脫。〔註33〕

在此處，本善禪師是將禪定解脫當做方法而解說的。他告訴徒眾，如果要達到自己的境界，必須要像自己一樣做到誠信決烈、守戒行持、勇猛精進、打七煉磨、剋期取證、禪定解脫，而且其中的重點是禪定解脫。

這一觀點也可從何為「禪定解脫」的角度再加說明。《教外別傳》卷五之「南泉普願禪師」一欄載：

> 據說十地菩薩住首楞嚴三昧，得諸佛秘密法藏，自然得一切禪定解脫，神通妙用。〔註34〕

南泉普願說，十地菩薩安住「首楞嚴三昧大定」，其境界已經得到了諸佛秘密法藏，這也意味著真實禪定解脫，顯化神通妙用。此處的禪定解脫是境而非方法，但同時也說明，禪定本來就是通解脫境，是解脫境，能夠真實解脫。

此處筆者著力強調禪宗並不否定坐禪，而且還倡舉坐禪之功。然而需要清楚的是，過度強調「坐禪」亦如過度強調「見性」一樣，容易形成偏執。故須深入體貼「坐禪解脫」之意。雲庵真淨禪師的觀點點出了「否定坐禪」的真實用義：

> 如今叢林多是唯論禪定解脫，無念無為，且道六祖底是？如今底是？分即是？不分即是？若分去，有違有順，有是有非；若不分，又不辨邪正，埋沒我宗乘。譬如世間道路，有直有迃，有險有善，其行路者，可行即行，可止即止。〔註35〕

真淨克文拋出問題，說當時禪林「唯論禪定解脫」，而六祖惠能「不論禪定解脫，唯論見性」，到底何者正確？隨之他又自作解答：迷失者執於一邊，清明者因時而說，因時而用，正如世間道路，有直有彎，有險有善，應該是存乎一心，可行即行，可止即止。當坐禪即坐禪，當論性則論性。

總言之，禪宗歷來注重破除對禪的執著，強調要從自性高度領悟佛法。從佛教產生到其傳承至禪宗，均有大量篇幅在闡說禪定解脫觀念。其主要理念有二：一是禪宗大力推舉坐禪，坐到深處，同樣能夠解脫。二是禪宗所謂的坐禪，實是自性坐禪。甚至《壇經》中還設置了專門的「坐禪品」，只不過坐禪的含義被延伸為「外離相為禪，內不亂為定」。言下之意，禪宗並不是真

〔註33〕〔明〕本善：《天真毒峰善禪師要語》，《嘉興藏》第25冊，第143頁。

〔註34〕〔明〕郭凝之：《教外別傳》卷五，《卍新續藏》第84冊，第197頁。

〔註35〕〔宋〕真淨克文：《寶峰雲庵真淨禪師住廬山歸宗語錄》，福深錄編，見《古尊宿語錄》，《國家圖書館善本佛典》第48冊，第458頁。

的否定坐禪，而是否定對坐禪的執著。〔註36〕但凡自性坐禪，已是真實解脫。

（二）見性解脫

惠能說其禪法「唯論見性，不論禪定解脫」，對於當時的佛教，此言可謂是驚天之語。禪宗一般認為所謂的禪定修行與解脫成佛並沒有必然絕對的關係，真正的解脫，是見性並徹證自性。客觀上講，禪宗的修行解脫並不排斥禪定，甚至對於解脫，禪定還是一種促進。關鍵是禪宗傳播到一定時期、區域，相應正法授受漸漸失真，人們的眼光由此只聚焦在禪定上，反而忘卻了真正的修行目的——見性。《壇經》中，惠能將該原因又作了進一步講述，認為執於「禪定解脫」不是究竟法，還停留在解脫的目的性和禪定的有限性上。當然，我們需在特定語境下理解這一觀點，惠能否定的禪定是「禪定執」，而非真正的「禪定解脫」，真正的禪法是沒有這些分別的，一切法包括禪定都可以是解脫法。如明僧湛然圓澄《語錄》云：

> 如悟自心，此心即定即慧，非心外別有所謂定慧也。何則？定慧乃是無相之門，心外無定，定外無心，乃至慧外無心。心外無慧，若以相求，便屬邪道。所以《金剛》云：「般若波羅蜜，即非般若波羅蜜，是名般若波羅蜜。」豈別有定慧待汝修也！譬如空之虛洞，妙含萬象，非無象外之空，實無空外之象。須知即空即象，即象即空，豈別有所謂空，別有所謂象也！故六祖云：但論見性，不論禪定解脫。若見性則禪定解脫皆舉之矣。〔註37〕

湛然圓澄所說道理，其實在自性本根論中就已經做過一些分析。當然，一般意義上的見性是指見到了自性的存在，而工夫未必純熟。但禪宗的見性，準確地說是以「一行三昧」「般若行」「無念行」作為語境的。也即，這種見性就是當下見性，一切時中見性。這就意味著真見性就是真解脫。所以禪宗多將工夫做在見性上，不作其餘追求。真見性，就必然已是禪定解脫；未見性，禪定便會成為一種「法執」障礙解脫。

這也就意味著，禪宗的解脫實際上是由見性實現的。將見性當做一種解脫

〔註36〕準確地說，唐代禪宗聲勢並不浩大，佛教的主流還是延續印度傳來者，禪定修行是一種必然如此、不可動搖的解脫方式。即使到了禪宗聲勢已壯、五家七宗分燈之時，坐禪修行也還是一種尋求解脫的主要法門。但在特定的時候，禪定解脫反而會成為一種障礙，被設定成為一種固定結果。

〔註37〕〔明〕湛然圓澄：《湛然圓澄禪師語錄》，明凡錄，祁駿佳編，《卍新續藏》第72冊，第846頁。

的手段、境界，時時刻刻保持內心的清淨明斷。只管將心用在見性、煉性上，便是專心，便是見性，便是用性，便是當下解脫。

（三）成佛解脫

解脫有很多層含義，某些解脫並不徹底，不意味著已經成佛，但成佛則必然已經解脫。禪宗的眾多闡述中，依然將成佛當做終極解脫。在禪宗看來：「但用此心，直了成佛。」成佛是成就圓滿自性，自性無礙就是佛。〔註 38〕

首先，禪宗所認為的佛，多數情況下已經不是神聖，而是具有自性智慧、解脫境界的解脫者。如《壇經》云：「本性是佛，離性無別佛。」應該說，雖然這一條線索在早期佛教、大乘佛教時期就很明顯，但因為宗教相的存在，當時的「佛」在大多數場合都被理解為神一般的最高級存在。在中國禪宗語境下，「宗教意味」已最大限度地減弱，這種智慧面目也得以表現出來。在南北朝到唐五代，中國佛教很少建禪寺，也很少在禪寺中立佛像，多只立禪堂。即使到兩宋禪宗叢林大興，廣立佛像，絕大部分禪者也會以禪的獨特觀念和行為破除對佛像的迷信、執著。例如北宋初期的善昭便曾談過相應觀點：「僧問：如何是佛？師云：擔麻終不貴。如何是貴？師云？聞賤必貴。問：如何是賓中賓？師云：終日走紅塵，不信自家珍。如何是賓中主？師云：識得衣中寶，端坐解區分。如何是主中賓？師云：金鉤拋四海，玉燭續燈明。如何是主中主？主師云：高齊日月光寰宇，大闡鴻音唱祖歌。」〔註 39〕楊岐方會中也有類似言論：「僧問：如何是佛？師云：賊是人做。師乃云：萬法是心光，諸緣惟性曉。本無迷悟人，只要今日了。山河大地，有什麼過。山河大地，目前諸法，總在諸人腳跟下，自是諸人不信。可謂古釋迦不前，今彌勒不後。楊岐與麼，可謂買帽相頭。」〔註 40〕從公案本身來說，似乎總是胡言亂語，對「佛」也毫無崇敬之心。但是，這正是「佛」的含義從宗教相轉型為智慧心、從宗教信仰轉向主體生命關懷的體現。

〔註 38〕禪宗視野中的佛是自己來成，不是別人成，也不靠別人施捨、救度而成。禪宗自稱為教外別傳，所建立的理論體系直接就是依「涅槃妙心」起，歷史上直接就稱其為「心宗」。禪宗典籍中，很少見記錄或推崇神佛奇事，準確地說，禪宗已經將修行成佛人性化了。某種程度而言，這也是原初佛教的本來面目。當然這樣說並不絕對正確，佛教畢竟是一種宗教，它是多元存在，有其組織團體、佛菩薩信仰、生命智慧等維度，禪宗的成佛解脫，實際上多是從超越教派的角度來來看待的。

〔註 39〕〔宋〕善昭：《汾陽無德禪師語錄》，《大正藏》第 47 冊，第 600 頁。

〔註 40〕〔宋〕方會：《楊岐方會和尚後錄》，《大正藏》第 47 冊，第 646 頁。

其次，將佛轉化為自心並未脫離佛教的精神。從釋迦牟尼修道成佛、建立佛教的一天開始，就強調佛就是由人修成的。釋迦牟尼雖然是王子，但只能說明他的社會地位高貴，同樣也是世間人。佛，也須是由人心的覺悟而成就。從如來藏系來看，此心就是如來藏真心，此真心顯用出來，就是佛智運作。而因為時間久遠、觀念深固的關係，以「心」的概念說出來更容易破除既有的執著。當然，此處的「心」是指不受污染的心性。有此心，生命才是自主的，才不會被因果業力所主宰。禪宗的修行，乃至佛教的修行，嚴格地說沒有次第，此心一旦顯現，就是佛用，否則不管如何修行，與是否成佛並沒有必然聯繫。禪宗強調「直用此心」，實際上已經處在佛的境界。準確地說，以心成佛是禪宗成佛解脫的根本，成佛，就是成就此心，呈現自性。

再次，成佛解脫已被禪宗演繹為生命昇華。之前就一再強調，成佛不是成就神祇，也不是消極避世，而是完善自我生命，實現生命存在的最大價值。禪宗一直突出將成佛的概念轉化為成就自心的圓滿。這裡需要再解釋一下。在原初佛教中，成佛一般意味著成就自身生命的完美，當時人們觀念中的佛多是指自心的圓滿狀態。只是隨著宗教性佛教的進一步形成、傳播，「佛」這個概念才逐漸變成神秘化所指。

從禪的視角看，生命的本來面目是不受污染的、絕對自由圓滿的美好境界。只不過這種境界被種種業力所干擾障礙，導致生命出現各種各樣的缺陷。禪的成佛解脫智慧，只不過是讓這些干擾去除而已。也就是說，「佛」的根本含義不是手眼通天的絕對大神，而是將生命狀態調整到了最佳，活出生命本色的智慧者。這些理解上的錯覺，在禪宗的「自性」概念上就很少會發生了。證見自性，並不是說已經成了大師或神祇，而是將自己的生命運作調適到了最佳的軌道上。從此心靈就是自足的、圓滿的，沒有了種種悲憂恐懼病患。

（四）覺照解脫

前文已論及成佛必然已經解脫，成佛是自性成就。而如何見性、用性，禪宗將之落實在「覺照」之上。惠能說：「佛，猶覺也。」〔註41〕也就是說，佛就是能覺，就是覺者。禪宗永明延壽《心賦注》中說：

> 《大般若經》云：「若幽冥世界，及於一一世界中間，日月等光所不照處，為作光明，應學般若。般若者，即心智之光。」《華嚴論》

〔註41〕〔唐〕惠能：《壇經》，《大正藏》第48冊，第355頁。

云：「光明覺品者，為令信心，自以自心光明，覺照一切世間、無盡世界。總佛境界，自亦同等，以心隨光一一照之。」〔註42〕

「佛」在一般典籍中都解釋為具有「自覺覺他，覺行圓滿」的功德。總之，在禪宗眼中，佛就是覺。禪宗禪法是一個流動著的體系，這樣作解也才不至於陷入固定執著。毫無疑問，在禪宗體系中，真禪定就是成佛，真解脫也就是成佛，但是隨著禪法的傳播，授受之間難免形成「禪定執」，解脫便遙遙無期。於是禪宗又會自動地從根源上來理清——見性才是成佛。然而當「見性」也成為「見性執」，於是破除「見性執」勢在必行。故而須是追溯見性之根源——在覺照即見性、用性。

覺照是禪法中的重要概念，也是重要的修行手法，覺是自性在覺，照是自性在照，覺照的同時，也就是自性啟用時，也就是善用佛用。從這一原理講，禪法的修行中，只管一心覺照，自然就是自性自作。一般意義上，覺照是兩個層面的內容，但在運用的實際過程來看，覺照是一體的。關於覺，《觀心論》上是這樣解釋的：「佛者覺也，所為覺察心源，勿令起惡。」〔註43〕這個意義上的覺，是要覺察心念流動，勿使之產生邪惡思想。永明延壽《宗鏡錄》中花了大量篇幅將「覺」細化為十種：

云何十覺？一者鏡字事覺，薩般若慧，清淨明白無塵累故。二者開字事覺，薩般若慧，通達現了無障礙故。三者一字事覺，薩般若慧，獨尊獨一無比量故。四者離字事覺，薩般若慧，自性解脫，出離一切種種縛故。五者滿字事覺，薩般若慧，自具足無量種種功德，無所少故。六者照字事覺，薩般若慧，放大光明，遍照一切無量境故。七者察字事覺，薩般若慧，常恒分明無迷亂故。八者顯字事覺，薩般若慧，清淨體中，淨品眷屬悉現前故。九者知字事覺，薩般若慧，於一切法無不窮故。十者覺字事覺，薩般若慧，所有功德，唯有覺照，無一一法而非覺故。是名為十。如是十種本覺字義，唯依一種本性法身，隨義釋異，據其自體，無別而已。〔註44〕

「十種覺」實際上已經具體到如何去「覺」，但不管將此覺照說得多細緻，總的核心只有一條，那就是引文中永明延壽所說「所有功德，唯有覺照」。並

〔註42〕〔宋〕延壽：《心賦注》卷二，《卍新續藏》第63冊，第119頁。

〔註43〕〔梁〕達摩：《觀心論》，《大正藏》第85冊，第1271頁。（此作亦傳為唐代神秀撰）

〔註44〕〔宋〕延壽：《宗鏡錄》，《大正藏》第48冊，第445頁。

不是說其餘佛法不能建立自性功德，而是說，一切方法的核心還是在於自性動用，覺察緣起性空。

這些禪者的觀點是符合禪修實際的，如果不能覺照，那麼見性就只是一句空話。所謂見性，就是要就具有覺照的能力；唯有覺照，才不會被業力所惑。包括在坐禪的實際行為中，如果不能覺照心念起伏，是不可能處在真正定靜狀態的。曹洞宗的默照禪，就很講究默默神照，照見一切念起念落。而禪宗四祖道信在《入道安心要方便法門中》則直接很細緻地教人如何坐中覺照。他說：

> 若心緣異境，覺起時，即觀起處畢竟不起。此心緣生時，不從十方來，去亦無所至。常觀攀緣、覺觀、妄識、思想、雜念，亂心不起，即得粗住。若得住心，更無緣慮，隨分寂定，亦得隨分息諸煩惱畢，故不造新，名為解脫。看心，若心煩熱，悶亂昏沉，亦即且自散適，徐徐安置，令其得便，心自安淨。唯須猛利，如救頭然。〔註45〕

道信認為禪坐時要覺察一切心念的細微流注，這樣才不會被業力所惑。當然，這裡不能誤解了道信禪法的「覺」。此處，很大程度上是針對剛入門的禪修者而說的。

所謂甚深覺照，不是建立一種觀念去守候心中念頭的出現。覺照是自性自照，自然而然，最後連覺照的念頭都要放下，才可能是真覺照。傳為達摩所撰《無心論》中說：

> 十住修心妄有入無，又無其無有雙遣不妄中道，亦未為太。又忘中道三處都盡，位皆妙覺。菩薩雖遣三處，不能無其所妙，亦未為太。又忘其妙則佛道至極，則無所存。無存思則無思慮，兼妄心智永息。覺照俱盡，寂然無為。此名為太也。太是理極之義，上是無等色，故云太上。即之佛如來之別名也。〔註46〕

引文談到的「太」，即佛境。有所執著，就不是佛境。最後必須「妄心智永息，覺照俱盡，寂然無為」，才是真正的智慧解脫境界。

覺照，是一個可以主觀訓練的行為。但其中卻又暗藏玄機，一旦心有覺照之念，自心常常就迷失在這一念之間。佛教中有所謂三種般若，其中一種就是

〔註45〕〔唐〕道信：《入道安心要方便法門》，見《楞伽師資記》，《大正藏》第85冊，第1289頁。

〔註46〕〔梁〕達摩：《無心論》，《大正藏》第85冊，第1271頁。

觀照般若。這種觀照，不是強行推動腦子而建立的一種意識活動，而是般若自照。做到這一點，自性的功用以及如何運作就很清晰了。在禪修中，我們所要做的，就是虛化自我，專心覺照自己的心念緣起，自性自然會顯用出來。當然，因為業力的緣故，覺照以及自性顯現都有一個逐漸純熟的過程。但這都不用去執著於快慢頓漸，只在專心覺照的時候，其實也就是業力頓斷，一心在解脫境上的時候。

此處還須說明：前文談及執於「禪定解脫」，故「不論禪定解脫，惟論見性」。一旦「惟論見性」也成執持，便只能將工夫做在具體處，以「覺照」破之。同理，如果將「覺照」執著成一種手段或境界去追求，肯定又會形成障礙。所以，訓練覺照時，還必須時時動用、自用「般若」，反觀自心當前狀態，以免又形成用另一種執著來掩蓋當前執著的局面。

總之，禪宗的「解脫」是指成就純淨生命境界，是成就作為智慧者的佛，不是成為神。嚴格意義上的解脫，至少是要成就聲聞、緣覺、菩薩，甚至終極解脫還必須是自覺覺他、覺行圓滿的佛境。或許在這種角度看來，禪宗所謂的見性開悟還未最終解脫，而所謂的「祖師」也還遠遠未成佛。一定程度上，這是有道理的。開悟見性後，顯然還需長期的保任過程使心性純熟；而諸祖師獲證絕對空性、圓融自由後，也還需大量的歷劫、淨化才能達到諸佛菩薩的境界。但是，禪宗從理論和修法上都強調直指人心、當下解脫，對禪而言，是就是，不是就不是；一念悟就是佛，一念迷失就是愚迷。故而，在一念見性開悟的當下，有多少業力罪過，都已經不起作用了，自然就是解脫，也自然就是諸佛菩薩之境。

三、一種內義

在佛教語境中，般若、解脫兩個概念經常單獨表述。然而，二者內義相通，既得般若，便已在解脫果境；既得解脫，便已具有般若智慧。如《菩薩瓔珞本業經》卷上云：「所謂二諦空：因緣集故謂之有，非曰有是有。因緣散故謂之無，非曰有是無。故有無無無，般若解脫無二相故。」〔註47〕本研究中，般若解脫總為一體，融成一概念，以強調「般若解脫」是禪宗生命學的重要理論構架、組成元素。其「一種內義」可從三方面把握。

（一）般若解脫的修學

般若解脫被視為成為涅槃的必然之因：「如經言，若無法身，苦報不盡，

〔註47〕〔印〕《菩薩瓔珞本業經》卷上，竺佛念譯，《大正藏》第24冊，第1014頁。

何成涅槃？若無般若，闇惑不除，豈得涅槃？若無解脫，不免業係，故非涅槃。如是餘三，其義同爾。何者？若無涅槃，生死未滅，何為法身？若無般若，煩惱所纏，何名法身？若無解脫，諸業所縛，故非法身。法身、般若、解脫具三，乃涅槃成。」〔註 48〕若無般若解脫，必不能成就涅槃。故而必須修學般若解脫。不論般若解脫有多少種類或多少種功能，最終都要落實於心性修養。禪宗無時不在強調，自性的顯現與否是一切「真」與「妄」的判定標準。般若解脫實質上也是修行的理論指導。宋代契嵩說：「說摩訶般若者，謂其心之至中也。般若也者，聖人之方便也，聖人之大智也。」〔註 49〕即在說明，大智慧是「心之至中」，即心性的最理想境界。而「聖人之方便」，旨在說明般若也是一種方法。惠能在《壇經・般若品》中為眾說法時提到：「吾今為說摩訶般若波羅蜜法，使汝等各得智慧。」〔註 50〕這裡，惠能將獲取智慧的方法稱作「摩訶般若波羅蜜法」。隨後，惠能又接著強調了「般若法」的重要性：「善知識，若欲入甚深法界及般若三昧者，須修般若行。持誦金剛般若經，即得見性。當知此經功德無量無邊，經中分明讚歎，莫能具說，此法門是最上乘。」〔註 51〕「三昧」，又稱「三摩地」，是「定」的意思。不過這種「定」並不是一般意義上的禪定，而是指任何時候都處在自性顯現的徹悟狀態。想要得到這種禪門最高深的「大定」之智慧，就必須「修般若行」。並且，惠能還舉頌持《金剛經》為例。他說《金剛經》是最高深的智慧法門，以「般若行」來頌持《金剛經》，當下也就是「般若」的妙用。

般若解脫的修學須口念心行，單只靠思維知見，是無法求證自性般若智慧的。禪宗所闡釋的般若智慧修學模式，受眾常常會發生誤讀。主要有二：一是試圖從知解上說清般若智慧的內涵；二是以為經文含有不可思議的殊勝，誦讀越多見性的程度就越深。然而禪宗明確指出：「世人終日口念般若，不識自性般若，猶如說食不飽。口但說空，萬劫不得見性，終無有益。善知識，摩訶般若波羅蜜是梵語，此言大智慧到彼岸。此須心行，不在口念。口念心不行，如幻，如化，如露，如電。口念心行，則心口相應。」〔註 52〕要得到真正的彼岸般若，須心行而不在口念，口念心不行，各種幻化之苦依然如影隨形，不可能

〔註 48〕〔新羅〕元曉：《涅槃經宗要》，《大正藏》第 38 冊，第 255 頁。

〔註 49〕〔宋〕契嵩：《六祖大師法寶壇經贊》，《大正藏》第 48 冊，第 346 頁。

〔註 50〕〔唐〕惠能：《壇經》，《大正藏》第 48 冊，第 350 頁。

〔註 51〕〔唐〕惠能：《壇經》，《大正藏》第 48 冊，第 350 頁。

〔註 52〕〔唐〕惠能：《壇經》，《大正藏》第 48 冊，第 350 頁。

解脫。具體而言，既不可能清晰地體認到萬物的「當體即空」，也不可能如實地確證到物象的「當體即真」。一旦心口相應，就能確證自性，智慧也就相應顯現。而真正的「口念心行」，實際上就是般若解脫的修學實踐。如清僧善鄴云：「迥出六塵之境，堂堂無蓋覆。直造一相之門，了了沒遮欄。目前無纖毫過患，一任挨拶將來，自己不見有一色，轉難放他過去，當體擊碎，般若解脫，便能到處成立道場。」〔註53〕經過修習，得到般若解脫，便能成就道場佛果，反過來又呈現般若解脫。

在般若解脫的範疇，禪宗也說得極為具體：一念迷，般若就被障礙，而一念悟，般若就產生。所謂般若就是心靈的最純粹狀態的反映，只要保持心靈的清淨，般若就可以時時刻刻顯現。惠能將這種境界稱為般若行。他說：「當念之時，有妄有非。念念若行，是名真性。悟此法者，是般若法。修此行者，是般若行。不修即凡，一念修行，自身等佛。〔註54〕人的念頭是「有妄有非」的，即可能產生「一念迷」或「一念悟」的依據。如果按照惠能的這種方法去修，就是「般若法」，當每一刻都顯現出「般若」，就是「般若行」，就是般若解脫之具體修持。

（二）般若解脫的果境

般若作為一種結果，首先體現在般若是自性確證的結果，其次體現在作為「果」的般若便可展現出諸多智慧屬性。《立世阿毘曇論》卷三云：

> 若佛弟子，諸漏盡故，無漏心解脫，及般若解脫。現世已證，入此中住。其生已盡，修道究竟。眾事已辦，無復有生。故得此智。〔註55〕

將般若當做一種結果，首先是從自性確證角度來說的，即佛教所謂的「果位」，也就是證得果位後的智慧顯現。這是一個非常有意思的視角，研究佛教有很多種方法，古代的佛教研究多重「理」「證」並行，如慈恩宗、天台宗、三論宗，其創始人都是淵博學者，同時也精修禪定。禪宗惠能因其特殊的生活經歷而弱化理論的作用，但禪宗後學卻立即補上了這一環，如菏澤神會、馬祖道一、百丈懷海、永明延壽、大慧宗杲、憨山德清等，都是一方文豪。從歷史的經驗來看，絕大多數情況下，「理」「證」並行，才更利於禪宗智慧的闡揚。

〔註53〕〔清〕善鄴：《巽庵禪師語錄》，《嘉興藏》第37冊，第680頁。
〔註54〕〔唐〕惠能：《壇經》，《大正藏》第48冊，第350頁。
〔註55〕〔印〕《立世阿毘曇論》卷三，〔陳〕真諦譯，《大正藏》第32冊，第188頁。

當然，前提是要證得般若果境，理才能夠講清，事才能夠圓融。明僧傳燈《永嘉禪宗集注》云：

> 此中所簡三德，乃修禪極吃緊工夫。悟此，則所修一切皆圓。迷此，則所修一切皆偏。若依大部止觀所簡，先約小乘，後約大乘，以簡三德。縱橫所該甚廣，所論甚博。舊注於此，亦約小乘大乘以簡偏，然皆不當修門，罔知大旨。其大旨者，正在能觀所觀，能所契合，遠塵離垢以明三德也。蓋所觀三諦名為法身，能觀三觀名為般若。能所契合，名為解脫。即縱橫不縱橫，皆約此以明也。〔註 56〕

禪宗第五祖弘忍在為分付衣缽而考察弟子時，就有意識地強調弟子們要從自性的層面作一首偈。他說：「汝等各去自看智慧，取自本心般若之性，各作一偈，來呈吾看。若悟大意，付汝衣法，為第六代祖。」〔註 57〕他強調要弟子們回去「自看智慧」，從「本心般若之智」中寫出一首偈子，即是暗示弟子們，必須作出證明自己見性的詩偈，才能夠承受衣法。禪宗傳的是「心法」，衣法不過是一種外在憑據。據說從釋迦牟尼傳心印給迦葉開始，禪之「教外別傳」就必須以「心」為主。而這顆「心」，就是般若之「體性」。弘忍說，若悟大意就傳衣法。如果不從自性般若之果境審視生命，當然也就不能稱為悟「大意」。般若的修學最忌強用心力。這一點，禪宗說得非常清楚。弘忍在囑意門人作偈時特別說道：「火急速去，不得遲滯。思量即不中用，見性之人，言下須見。若如此者，輪刀上陣，亦得見之。」〔註 58〕弘忍讓徒眾們作「自性之偈」，明確告訴眾人，思量並不中用，自性是自然顯現的，越「思量」，離自性就越遠；真正的自性般若，任何時候都在發生作用，即使是即刻掄刀揮舞上戰場，自性的般若觀照能力都不會泯滅。

禪宗經常以般若境來闡釋自性智慧，《壇經》中甚至專門設置了細講般若的「般若品」。說「將自性般若智，除卻虛妄思想心是也」〔註 59〕，惠能從禪法的角度，與其說將幾種般若根據語境變換語義，毋寧說種種般若在惠能的眼中根本就是一回事。幾者是一體的，因為有了其一之境，必有其二，其三。從這一角度而言，惠能所證就是典型的徹見自性，善用般若。這種般若境甚是精細，他說：「一念愚即般若絕，一念智即般若生。世人愚迷，不

〔註 56〕〔明〕傳燈：《永嘉禪宗集注》卷下，《卍新續藏》第 63 冊，第 304 頁。
〔註 57〕〔唐〕惠能：《壇經》，《大正藏》第 48 冊，第 347 頁。
〔註 58〕〔唐〕惠能：《壇經》，《大正藏》第 48 冊，第 347 頁。
〔註 59〕〔唐〕惠能：《壇經》，《大正藏》第 48 冊，第 353 頁。

見般若，口說般若，心中常愚。常自言：『我修般若。』念念說空，不識真空。般若無形相，智慧心即是。若作如是解，即名般若智。」〔註 60〕即心中一念愚昧，結果就是迷昧，而一旦當下頓悟，就得到了般若之果。世人愚迷，自然就不見般若，而真正的般若，即是智慧心。此智慧之「心」一旦開悟，般若智慧也就顯現了。即所謂「離迷離覺，常生般若」〔註 61〕。突破「迷」「覺」等束縛，就可以當下生出般若智慧。

另外，這種般若具有一些相應的屬性。其一，般若沒有固定形象。之前引文中，惠能也明確說「智慧無形象」。禪宗所謂的智慧，恰好是自性中沒有任何規定性的因時而動，根據具體的條件產生不同的應對。這種流動性，正是禪的般若大智慧的突出特徵。其二，般若是自性的顯化，每個人都具有。禪宗認為：「小根之人，亦復如是，元有般若之智，與大智人更無差別。」〔註 62〕遺憾的是，「小根之人」之所以是小根，就在於被迷的程度較之於「大智人」更深。然而，「若得解脫，即是般若三昧，即是無念。」〔註 63〕有了般若智慧，也就意味著得到了真正的自性解脫。

（三）般若解脫的運用

佛教中的許多概念，本就根據語境的不同而具有不同含義。「般若」，從整體上說是指生命本根生發出來的智慧妙用，但在禪宗體系中，卻又不那麼嚴格。有時候，般若指「實相」本身，是為「體性」。有時候指修證而得的「果」，實質上指是對「體性」的確證，包括「體性」所具有的一些屬性。而有時指智慧妙用，主要涉及得到智慧的一些方法，及其「創生」之生生不息是之功能。

自性般若，用即有，不用即歸空。準確地說，自性無形無相，它是以「用」的形式存在的。用出什麼形式，自性就顯現成什麼形式。禪宗講解般若智慧，主要還是從自性之「用」來進行。有時候，禪宗將般若當做一種修行的方法指導，而更多時候，又將般若當做自性之功能，或創生，或觀照。禪宗般若智慧的「用」，尤其體現在般若的創生和觀照能力上。

創生，本來是自性本體的功能，但是，般若智慧與自性本體本來就不分的。智慧，就是自性在發生作用。惠能說：「摩訶般若波羅蜜，最尊最上最第

〔註 60〕〔唐〕惠能：《壇經》，《大正藏》第 48 冊，第 350 頁。
〔註 61〕〔唐〕惠能：《壇經》，《大正藏》第 48 冊，第 353 頁。
〔註 62〕〔唐〕惠能：《壇經》，《大正藏》第 48 冊，第 350 頁。
〔註 63〕〔唐〕惠能：《壇經》，《大正藏》第 48 冊，第 350 頁。

一，無住無往亦無來，三世諸佛從中出。」〔註 64〕大智慧是最根本的存在，「三世諸佛從中出」。準確地說，所謂「創生」並不是指從智慧中生出佛來，而是智慧就是佛，得到了智慧，也就顯現出佛的屬性了。惠能所謂的智慧，是總的法則，是無差別智，根據受眾的痛苦，而顯現出相應的對治法門。他說：「我此法門，從一般若生八萬四千智慧。何以故？為世人有八萬四千塵勞。若無塵勞，智慧常現，不離自性。」〔註 65〕理論上講，智慧必須經過修行而得，但是惠能直接從「結果」出發，「用」智慧來對治八萬四千塵勞，同時也就智慧顯現，「不離自性」。

當然，這個智慧，並不是憑空就產生，它是直接契入「一心」而有。長久觀照，習氣業力就可脫落，智慧也就念念常在。這就是禪宗般若解脫的觀照動用。《壇經》云：「若起正真般若觀照，一剎那間，妄念俱滅。若識自性，一悟即至佛地。善知識，智慧觀照，內外明徹，識自本心。若識本心，即本解脫。」〔註 66〕「智慧觀照」，實質是自性動用，如果起一個念頭強加去「觀照」一切，反倒障礙了那能夠發生觀照的「智慧體性」。只有自性智慧能夠使妄念在一剎那間俱滅，故而惠能才會說「智慧觀照，內外明徹」，從而又顯現出了智慧。

觀照般若實質是「自觀自照」。智慧之實相寂寥自存，因緣而動，妄念塵勞一起，立即被照破，自性仍然不受影響的存在著。這種理念，源於佛教。《長阿含經》卷一云：「大智光除冥，如以鏡自照。為世除憂惱，盡生老死苦。」〔註 67〕這種大智慧之光，是像鏡子一樣「自照」，不是人的主觀起念作為。人們所謂的修行過程，充其量就是擦亮鏡子。神秀的北宗禪就是這麼做的。《中阿含經》也云：「猶若如鏡，生垢不明，因石磨鋥瑩，由人力治，便得明淨。」〔註 68〕「人力能治」的，並不是智慧本身，只是一種外緣的促成。到了惠能，連鏡子也不用擦了，他的禪法直接突破「塵垢」，直接以鏡子的「淨」來照見一切，從本來面目自身來審視諸法萬象。例如永明延壽的禪法，就是「舉一心為宗，照萬法如鏡」〔註 69〕。真正的大智慧，就是體現在這種直心直用之上，

〔註 64〕〔唐〕惠能：《壇經》，《大正藏》第 48 冊，第 350 頁。
〔註 65〕〔唐〕惠能：《壇經》，《大正藏》第 48 冊，第 350 頁。
〔註 66〕〔唐〕惠能：《壇經》，《大正藏》第 48 冊，第 350 頁。
〔註 67〕《長阿含經》，《大正藏》第 1 冊，第 8 頁。
〔註 68〕《中阿含經》，《大正藏》第 1 冊，第 772 頁。
〔註 69〕〔宋〕永明延壽：《宗鏡錄序》，《大正藏》第 48 冊，第 425 頁。

也唯其如此，般若才能夠觀照一切。這也就是南宗禪較之於北宗禪被視為更加透徹的根本原因。

上述「內義」，所涉甚豐甚廣，很多研究者闡釋起來容易偏失。偏重於「修」，則落於有為法。偏重於「果」，則易於無中生有，難以使人信服。偏重於「用」，則又易導致頑空狂妄。不過，三者並沒有邏輯上的先後必然性，善知善修善用者，均是當下直入，即修即用。修的當下，也就是果，果用出來，也即顯現為「修」。從而體現出了般若、解脫之同一內義。

第二節　禪宗戒定慧的般若解脫邏輯

戒定慧稱為「三無漏學」，意謂依此無漏修行，即能成就無漏解脫。此三無漏學毫無疑問是禪宗般若解脫論的重要構成。歷代對此三無漏學內涵及邏輯關係的解讀甚多，有戒定慧為修習次第者，有戒定慧為無修者，有戒定慧為一體者。其間意涵可逐次展開闡釋。

一、「修持」邏輯

原初意義上的戒定慧，多用以指稱修行過程中的三大次第。立戒、守戒，是為截斷業習，專心有效地修行；禪定，是為突破個體障礙，轉向生命本根而設的修持解脫技術；智慧，是禪定證悟以後產生的般若智慧。故而有此言說：「攝心為戒，因戒生定，因定發慧，是則名為三無漏學。」〔註 70〕佛教初期已非常強調對戒定慧的修持。《長阿含經》中載，釋迦牟尼為眾人說法時，也常常談及戒定慧次第：「與諸比丘說戒、定、慧。修戒獲定，得大果報。修定獲智，得大果報。修智心淨，得等解脫。」〔註 71〕《方廣大莊嚴經》中說，定慧是「戒」之後的一個修習過程：「戒忍及精進，定慧久修習。」〔註 72〕經中強調，持戒，忍辱，精進以後，要久久修習定慧。《雜寶藏經・帝釋問事緣》亦載，有三比丘因餘孽深重，聽聞佛說法後，生起大慚愧心，發誓說：「今當除斷如此欲惡，即懃精進，修於定慧。」〔註 73〕佛教經典記錄的很多人物形象在依戒修習時都得到了以上所說的定慧，其戒定慧具有明顯的先後次第關

〔註 70〕〔宋〕延壽：《宗鏡錄》卷三十六，《大正藏》第 48 冊，第 624 頁。
〔註 71〕《長阿含經》，《大正藏》第 1 冊，第 12 頁。
〔註 72〕《方廣大莊嚴經》，《大正藏》第 3 冊，第 540 頁。
〔註 73〕《雜寶藏經》，《大正藏》第 4 冊，第 476 頁。

係：修戒得定，修定得慧，最終得正等解脫。佛教的基本理念十分注重戒律修持，認為只有這樣，才能夠得到甚深禪定，也才可能因為禪定而生發根本智慧。

梁朝慧皎《高僧錄》載：

> 夫慧資於定，定資於戒，故戒定慧品義次第。故當知入道即以戒律為本，居俗則以禮義為先。禮記云：道德仁義非禮不成，教訓正俗非禮不備。經云：戒為平地，眾善由生；三世佛道，藉戒方住。故律解五法制使先知斬草三相不可不識，然後定慧法門以次修學，而謬執之徒互生異論。偏於律者，則言戒律為指事，數論虛誕。薄知篇聚名目，便言解及波離，止能漉水翻囊已謂行齊羅漢，唯我曰僧，餘皆目想。此則自贊毀他，功不贖過，我慢矜高蓋斯謂也。偏於數論者，則言律部為偏分，數論為通方。於是扈背毘尼專重陰入，得意便行曾莫拘礙，謂言地獄不燒智人，鑊湯不煮般若。此皆操之失柄，還以自傷。〔註 74〕

慧皎此論，首先說明戒定慧之間存在先後次第的「修持關係」；再而說明不可偏廢戒定慧。但凡偏廢者，往往一葉障目，表現在偏戒者身上，往往會認為戒法最上，其餘諸法虛誕。偏於數論者，又會輕視戒律，認為唯數論之智慧般若最為高深殊勝，此外種種解是過失。引文中未專門談「偏於定」現象，但按其理必可推知，偏於定者也不可取。當是戒定慧統攝，次第如實修持才是正見正行。

關於這一次第修持見，被視為以「頓悟」為宗的《壇經》中也有闡述：

> 眾胡跪。師曰：「一戒香。即自心中無非無惡、無嫉妬、無貪瞋、無劫害，名戒香。二定香。即覩諸善惡境相，自心不亂，名定香。三慧香。自心無礙，常以智慧觀照自性，不造諸惡；雖修眾善，心不執著，敬上念下，矜恤孤貧，名慧香。四解脫香。即自心無所攀緣，不思善、不思惡，自在無礙，名解脫香。五解脫知見香。自心既無所攀緣善惡，不可沈空守寂，即須廣學多聞，識自本心，達諸佛理，和光接物，無我無人，直至菩提，真性不易，名解脫知見香。善知識！此香各自內薰，莫向外覓。」〔註 75〕

〔註 74〕〔梁〕慧皎：《高僧傳》卷十一，《大正藏》第 50 冊，第 403 頁。
〔註 75〕〔唐〕惠能：《壇經》，《大正藏》第 48 冊，第 353 頁。

這是《壇經》中非常明確而具體的次第修持之法，戒定慧之間有明顯的漸進邏輯：先談戒香，次談定香，再談慧香。當然，其中並非一貫只講戒定慧漸進修持，戒定慧之關係乃圍繞著「自性般若」而說，故而既有先後次第，又無厚此薄彼之偏失。而且，此外的解脫香、解脫知見香也以般若解脫之視野統攝戒定慧的展開。因此在強調戒定慧修持之時，名雖有三，卻都是自性之根本修，是自性之般若香。

另外，《景德傳燈錄》中記載一則神會問法惠能的相關材料，此材料未見於《壇經》。云：

> 師（神會）於大藏經內有六處有疑，問於六祖。第一問戒定慧。曰：「戒定慧如何所用？戒何物？定從何處修？慧因何處起？所見不通流。」六祖答曰：「定則定其心，將戒戒其行。性中常慧照，自見自知深。」〔註 76〕

神會無疑是典型的南宗六祖門徒，主要持頓悟見解。但問此戒定慧時，實際上已經認同了三者之間的漸進修持關係，基於其次第而問。惠能的回答是：定其心、戒其行、照其慧。雖然未按照戒定慧的順序回答，但既將三者分而論之，便已經見三者之戒定慧修持邏輯。可知南宗禪在諸多場景下也按戒定慧次第展開。

對於這一層修持關係，善解《壇經》的南宋高僧契嵩也有詳論：

> 夫戒定慧者，三乘之達道也。夫妙心者，戒定慧之大資也。以一妙心而統乎三法，故曰大也。無相戒者，戒其必正覺也。「四弘願」者，願度度苦也，願斷斷集也，願學學道也，願成成寂滅也。滅無所滅，故無所不斷也；道無所道，故無所不度也。無相懺者，懺非所懺也。三歸戒者，歸其一也。一也者，三寶之所以出也。說摩訶般若者，謂其心之至中也。般若也者，聖人之方便也。聖人之大智也，固能寂之明之、權之實之。天下以其寂，可以泯眾惡也；天下以其明，可以集眾善也；天下以其權，可以大有為也；天下以其實，可以大無為也。至矣哉般若也！聖人之道，非夫般若，不明也、不成也。天下之務，非夫般若，不宜也、不當也。至人之為以般若振，不亦遠乎！我法為上上根人說者，宜之也。輕物重用則不勝，大方小授則過也。從來默傳分付者，密說之謂也。密也者，非不言而闇

〔註 76〕〔宋〕道原：《景德傳燈錄》卷二十八，《大正藏》第 51 冊，第 439 頁。

證也，真而密之也。不解此法而輒謗毀，謂百劫千生斷佛種性者，防天下亡其心也。〔註77〕

依契嵩之言，禪宗所倡雖並不一定意味著必然先有「戒」，再有「定」，而後有「慧」，但「慧」在一定意義上是一種由「戒」得定，由「定」而生發的功能屬性。這麼說，戒定慧之間的次第因果、修持漸進關係無疑是其核心邏輯。

此處突出戒定慧之間具有修持邏輯，並不企圖將戒定慧的修持內涵從整體的戒定慧關係中獨立出來，而是意欲說明：在多維度解讀或時代性解讀戒定慧時，不能忽略其修持元素及修持邏輯，這是佛教乃至禪宗極為推重的修持體系之一，是保證般若解脫得以實現的重要手段和根本指引，在現代社會，尤其要注重挖掘、續接其智慧內涵，演繹其時代價值。

二、「無修」邏輯

禪宗在很多場合下都說「道不用修，但莫污染」，禪性「當下即是」。按照此邏輯，戒定慧自然現成，無需修持。實際上，說戒定慧「無修」，本質上也是為了有效修行，有效運用。關於戒定慧的「無修」邏輯，一般有如下意涵：

其一，認為強調戒定慧是「小乘見」，而戒定慧「無修」是「最上乘見」。說戒定慧間沒有必然修持次第的代表性言論可見於《壇經》中惠能教誡志誠：

師云：「吾聞汝師教示學人戒定慧法，未審汝師說戒定慧行相如何？與吾說看。」誠曰：「秀大師說，諸惡莫作名為戒，諸善奉行名為慧，自淨其意名為定。彼說如此，未審和尚以何法誨人？」師曰：「吾若言有法與人，即為誑汝。但且隨方解縛，假名三昧。如汝師所說戒定慧，實不可思議。吾所見戒定慧又別。」志誠曰：「戒定慧只合一種，如何更別？」師曰：「汝師戒定慧接大乘人，吾戒定慧接最上乘人。悟解不同，見有遲疾。汝聽吾說，與彼同否？吾所說法，不離自性。離體說法，名為相說，自性常迷。須知一切萬法，皆從自性起用，是真戒定慧法。聽吾偈曰：『心地無非自性戒，心地無癡自性慧，心地無亂自性定，不增不減自金剛，身去身來本三昧。』」〔註78〕

〔註77〕〔宋〕契嵩：《六祖大師法寶壇經贊》，《大正藏》第48冊，第346頁。
〔註78〕〔唐〕惠能：《壇經》，《大正藏》第48冊，第358頁。

惠能先問志誠其師神秀的戒定慧觀點如何。志誠說己師神秀的教言是：諸惡莫作名為戒，諸善奉行名為慧，自淨其意名為定。如單獨從語言上看，此論是典型的依屬傳統佛教教義而教授徒眾，並不能說有錯，所謂錯者，乃是執於依文解義，墨守三者有其先後或已將三者割裂；又或者說，這是老老實實地逐步按戒定慧而修。惠能說這是小乘見解，接引小乘根器，而自己的禪法「隨方解縛」，沒有固定之法，自己眼中的戒定慧是接引最上乘人的最上乘法；又說所有戒定慧之法都由自性而有，是心地無非自性戒，心地無癡自性慧，心地無亂自性定層面的戒定慧。

其中「無修」邏輯非常清晰。不過，須知所謂「隨方解縛」者，首要乃須住自性般若之境，否則即是妄言；其次，惠能當著志誠之面否定其師，說大小乘，也是為志誠「隨方解縛」的體現，目的不在貶斥神秀；此外，神秀所言未必真有錯謬，其人所教所闡，乃是其具體際遇、因緣下的產物，後學不在其境者便作是非定論，已然「縛」於其中。故而惠能對相應戒定慧說進行破斥，實可為其餘徒眾，乃至於此時研究者、讀者提供警醒，破除內心「偏見」。

相應「無修」理念，永明延壽又從不同角度給予解說。《宗鏡錄》卷三十三云：

> 夫道無可修，法無可問。才悟大旨，萬事俱休。故云言語道斷，心行處滅。既云宗鏡，何乃廣引身戒心慧之文？法華經云：三藏學者，尚不許親近。既違大乘之經教，何成後學之信門？
>
> 答：經中所斥三藏學者，即是小乘戒定慧。戒則但持身口，斷四住枝葉之病苗；定則形同枯木，絕現外威儀之妙用；慧則唯證偏空，失中道不空之圓理。故稱貧所樂法，墮下劣之乘，為淨名所訶，是愚人之法。今此圓宗定慧，尚不同大乘初教無相之空，及大乘別教偏圓之理，豈與三藏灰斷定慧之所論乎。此宗鏡錄戒定慧，乃至一事一行，一一皆入法界，具無邊德，是無盡宗趣，性起法門，無礙圓通，實不思議。〔註 79〕

永明延壽直接將戒定慧分為兩種：一是小乘戒定慧，戒則但持身口，斷四住枝葉之病苗；定則形同枯木，絕現外威儀之妙用；慧則唯證偏空，失中道不空之圓理。這種戒定慧被稱為貧所樂法、墮下劣之乘、愚人之法，也正是維摩詰所貶斥之禪定法。二是「宗鏡」意義上的圓宗戒定慧。此戒定慧不屬偏中諸

〔註 79〕〔宋〕延壽：《宗鏡錄》卷三十三，《大正藏》第 48 冊，第 605 頁。

邊，不屬灰身滅智之斷滅見，而是無礙圓通，不可思議。如此之戒定慧，當然屬於無所得之「無修」。

其二，認為戒定慧直通自性般若，無需修，不可修。此說主要是為了突出戒定慧既有獨立性，又是一體化；自性本自具足戒定慧，戒定慧直通自性般若，但凡修行，即是有心之「偽」，反而脫離本心。這一理念，禪宗四祖道信說：

> 夫百千法門，同歸方寸。河沙妙德，盡在心源。一切戒定慧門，神通變化，悉自具足，不離汝心。〔註 80〕

也即，一切戒定慧法門、百千萬種法門，盡在自性真心中含藏、本具。這也就為戒定慧之「無修」提供了深入的理論依據。至於其體現，志磐《佛祖統紀》卷五記載了迦葉尊者的事例：

> 迦葉聞語即趣竹園，佛往逆之。至跋耆聚落，值佛，奉上寶衣，佛即授以糞掃大衣。初聞增上戒定慧即得無漏，時已百二十歲。其婦相續亦得阿羅漢果。〔註 81〕

這是關於禪宗「初祖」迦葉聽聞佛陀戒定慧之教言即刻證得無漏智慧，而且其妻也相應證得阿羅漢果的記述。志磐所想要表達的意思是戒定慧瞬間即可證得，而非一概依次漸修。禪宗直接將三者當為一體，而且之間無需邏輯，當下直見。在具體事例中，則如藥山惟儼禪師對李翱之講傳：

> 翱又問：「如何是戒定慧？」師曰：「貧道遮裏無此閒家具。」翱莫測玄旨。師曰：「太守欲得保任此事，直須向高高山頂坐，深深海底行。閨合中物，捨不得便為滲漏。」〔註 82〕

李翱試圖在知解範疇內向藥山惟嚴詢問戒定慧要義，即如何修戒定慧。惟儼直截打斷李翱的期待，說「貧道遮裏無此閒家具」。意在讓李翱勿在此心識邏輯上推理，既如此推理，必然衍出戒定慧之步步為修，引起心念執持，如無此戒定慧心念，戒定慧便可在自心中瞬間體悟、呈現。實質上，這根本已非修學戒定慧，而是「自性顯現為戒定慧相」。

總言之，禪宗對戒定慧「無修」邏輯的論述，一是在果境上談，確實也「無修」，但凡有修，均屬畫蛇添足，反而障道。二是為了讓受眾理解自性般

〔註 80〕〔元〕念常：《佛祖歷代通載》卷十二，《大正藏》第 49 冊，第 578 頁。
〔註 81〕〔宋〕志磐：《佛祖統紀》卷五，《大正藏》第 49 冊，第 169 頁。
〔註 82〕〔宋〕道原：《景德傳燈錄》卷十四，《大正藏》第 51 冊，第 312 頁。

若的本然自在，勿執於有形之修。禪宗的整體理念就是不執著於一邊，故而有修也好，無修也罷，都是在特定語境下為求證見自性，獲得般若解脫的因機設教。故而，禪宗所言的戒定慧「無修」，其實質是「離戒定慧相」，直接從確證自性的角度看戒定慧，用戒定慧，即所謂自性戒、自性定、自性慧。

三、「同體」邏輯

所謂的戒定慧「同體」邏輯，源自於禪宗對「定慧」之間「同一」關係的論述。惠能在《壇經・定慧品》中說：

> 善知識！我此法門，以定慧為本。大眾勿迷，言定慧別。定慧一體，不是二。定是慧體，慧是定用。即慧之時定在慧，即定之時慧在定。若識此義，即是定慧等學。諸學道人，莫言先定發慧、先慧發定各別。作此見者，法有二相。口說善語，心中不善。空有定慧，定慧不等。若心口俱善、內外一如，定慧即等。自悟修行，不在於諍。若諍先後，即同迷人，不斷勝負，卻增我法，不離四相。善知識！定慧猶如何等？猶如燈光。有燈即光，無燈即闇。燈是光之體，光是燈之用；名雖有二，體本同一。此定慧法，亦復如是。〔註83〕

這一論斷中，較為突出的含義有兩層：一是說到了「定慧」之間具有「體用」關係，「定是慧體，慧是定用。」惠能在此處將「定慧」喻為「燈與光」，「定」是「體性」，而「慧」是運用。一般理解為，有定功故生發智慧妙用，有智慧故體現般若燈之性體。二是定慧「名雖有二，體本同一」，是同體關係，不存在邏輯上的先後分別。總體上看，禪宗認為定慧「猶如燈光」，「定」就如燈，「慧」就如光。既然無「定」，「慧」亦不存。換言之，如無「慧光」，就意味著沒有實現「定境」。故而定慧實為一體，一旦有了分別，就不是最高第一義諦。

上述雖然只論「定慧」，未談及「戒」，但在同一種思維模式下，受眾顯然已經延伸至將戒定慧也理解為「體用」或「同體」關係。儘管在特定語境下也確實存在「體用」關係，但禪宗在更多場合下，尤其是解說自性般若時，想要傳達的還是戒定慧之間不一不異的「同體關係」。關於此「同體」關係，禪宗闡述得尤其多。其中的表現維度大致有兩種形式。

其一，將戒定慧視為一體——戒定慧無別。《景德傳燈錄》卷四在記述益

〔註83〕〔唐〕惠能：《壇經》，《大正藏》第48冊，第352頁。

州無相禪師對杜鴻漸講傳禪法時云：

> 公（杜鴻漸）曰：「弟子聞金和尚說無憶、無念、莫妄三句法門，是否？」曰（無住）：「然。」公曰：「此三句是一是三？」曰：「無憶名戒，無念名定，莫妄名慧。一心不生具戒定慧，非一非三也。」〔註 84〕

杜鴻漸口中的「金和尚」即「無相」，朝鮮人，承襲南宗旨意，時常提舉無憶、無念、莫妄三句教言。杜鴻漸因此再問三句要旨，問三句「是一是三」。無相將此三句與戒定慧結合而論，認為無憶名戒，無念名定，莫妄名慧。最重要的是，一旦一心不生，便能具有戒定慧，故而戒定慧之本根在證得一心，證得一心便「是一非三」，再無差別；然而如若妄念橫生，自然戒定慧割裂，「非一而三」，更不知戒定慧之味。

這一層面，明僧無異元來也說：

> 因戒生定，乃至天台次第，此是教家法則。然亦有先慧而後定者，如云專持名號，即得往生。自非慧根深發，莫能信也。雲棲以事持為定門攝，理持為慧門攝者，此亦教家法則。然事非慧而不持，理非定而不發，事持既能發慧，安得不破妄耶。又可將一句彌陀具戒定慧，猶深入理，不可不知。何也？為專持萬德洪名，不生諸惡，豈非戒也。至一心不亂，豈非定也。自得心開，豈非慧也。念空真，念緣起無生，豈非理也。深入至理，淨土惟心，生彼不離生，此是正覺地。何必捨事持而入理解，謂之覺路可乎。〔註 85〕

從無異元來的言論可知，在名相表達上，種種教法，各有戒定慧次第先後之說，也有派別之差異見，然而在其根本處，但凡見性、證性，則「禪」與「淨土」「天台」一致，「戒定慧」與「理事圓融」亦一體，再無差別。

其二，認為自性為體，戒定慧為用，故一體無二。一般語境中，戒定慧自有其次第修持邏輯，亦有其無修性體之自在。然而一旦執於戒定慧種種關係邏輯，便不能見戒定慧之核心「自性般若」，如此更無般若解脫之說，之實。故而禪門諸多情況下又將戒定慧的根本核心立足在「自心」處，戒定慧不過是因時演化之用。如紫柏真可云：

〔註 84〕〔宋〕道原：《景德傳燈錄》卷四，《大正藏》第 51 冊，第 234 頁。

〔註 85〕〔明〕無異元來：《無異禪師廣錄》卷二十四，《卍新續藏》第 72 冊，第 334 頁。

> 自心清淨，戒根本潔。自心空寂，定水本澄。自心明徹，慧光圓滿。一念之忽，無端強照，所謂本具戒定慧，迷而為貪瞋癡矣。自是從生至死，從死至生，死死生生，纏綿業網，升沉靡常。〔註 86〕

言下之意，自心清淨、空寂、明澈，一切戒定慧自然成其本來面目，潔淨圓滿；一念執著，則受眾口中的戒定慧便成為貪嗔癡。這一點，明僧密雲圓悟也說得極為透徹：

> 世尊出世說法四十九年，譚經三百餘會，至拈華教外別傳，方了本懷。故教立戒定慧三法，曰因戒生定，因定發慧。爾我既出家，當須出三界，了生死，方始事畢。若但持戒止免三途，既兼生定止超六欲，若其發慧方超三界，故以發慧為主。然今時多言慧，竟不知發慧之繇，如要發慧，須是明心。〔註 87〕

密雲圓悟認為，立戒定慧，乃為真實解脫，然而空言戒定慧無法得其根本，欲得真實戒定慧，根源還在於「明心」。有此一著，則戒定慧一體同一，無可分別。言下之意，戒定慧「同體」實質上有其隱含的根本前提——見性，證性。

綜述之，雖然「戒定慧」在佛教發展的各個時期有不同的含義，甚至同一個人在不同地方運用也存在著指受上的差別，但禪宗所講「戒定慧」是從自性本根角度展開。在此視野下，所謂「戒定慧」既可以是次第修持關係，亦可以是無修關係，還可以是一體同一關係。禪宗在不同語境下會根據不同的需要闡說戒定慧之間的邏輯，但不論在何種語境下，解讀者均應牢牢把握住自性根本，勿將各種言說對立起來，而應看到其因機設教的隨方解縛用意。在此意義上，戒定慧實質上是自性的顯化運用，具有同體之實。

第三節　禪宗無念無相無住的內涵與境界

但凡研究禪宗，無念、無住、無相是一組繞不開的話題。禪宗旨趣在於修行見性，而歷代對無念、無住、無相的闡釋既多且雜，莫衷一是。最具代表性的有三種：其一，認為「無」是什麼都沒有，說「無念」就是「沒有念頭」；其二，認為「無」是主觀意欲，即「認為無」就「呈現無」；其三，認

〔註 86〕〔明〕真可：《紫栢老人集》卷四，《卍新續藏》第 73 冊，第 178 頁。
〔註 87〕〔明〕密雲圓悟：《密雲怡禪師語錄》，道忞編，《乾隆藏》第 154 冊，第 472 頁。

為無念、無住、無相是禪宗的修行方法。實際上，無念、無相、無住既是獲取般若解脫的修行指導，又是禪宗修習所得的般若解脫果境。禪之理路，向來是因緣而立，因緣而破，因緣而用。以下略作梳理。

一、無念無相無住之本義

所謂無念、無住、無相之「三無」，乃禪宗修學提系的綱要性範疇，既是修持方法，又是果境妙用。這三個概念，一般以惠能的講解為主要參照。《壇經》中，惠能首先說明了「三無」在自己禪法體系中的重要性，而後又闡明了「三無」的具體含義：

> 我此法門，從上以來，先立無念為宗，無相為體，無住為本。無念者，於念而無念。無住者，人之本性，於世間善惡好醜，乃至冤之與親，言語觸刺欺爭之時，並將為空，不思酬害。念念之中，不思前境，若前念今念後念，念念相續不斷，名為繫縛。於諸法上，念念不住，即無縛也。此是以無住為本。善知識，外離一切相，名為無相。能離於相，即法體清淨。此是以無相為體。善知識，於諸境上，心不染，曰無念。〔註 88〕

意謂，整個惠能禪的中心，都在此「三無」上。無念、無住、無相，被惠能清晰地分述為三。

無念，就是「於念而無念」。在對待「無念」的問題上，惠能不止一次地強調申明，這是有念，但不被念所左右。絕不是將一個活生生的人修成形容枯槁，連念頭也不會起。《壇經》中有關於他對無念的進一步說明。「於自念上，常離諸境，不於境上生心。若只百物不思，念盡除卻，一念絕即死，別處受生，是為大錯。」〔註 89〕無念，是「不於境上生心」，如果最後到了「百物不思」的地步，那麼，人作為個體生命，其存在也就沒有意義了。之前曾經說過，生命本根的創生，需要因緣聚合。對於個體生命來說，沒有念頭，就等於沒有導致生命發生的因緣，人的生機就已經死寂了。禪宗將這種「空無」稱為「無記空」，或「頑空」。《壇經》中的「臥輪禪師」，在惠能看來就屬於毫無生機的「頑空」。臥輪禪師的詩偈說：「臥輪有伎倆，能斷百思想。對境心不起，菩提日日長。」〔註 90〕有關臥輪禪師的事蹟已不可考，所

〔註 88〕〔唐〕惠能：《壇經》，《大正藏》第 48 冊，第 352 頁。
〔註 89〕〔唐〕惠能：《壇經》，《大正藏》第 48 冊，第 352 頁。
〔註 90〕〔唐〕惠能：《壇經》，《大正藏》第 48 冊，第 358 頁。

以他的偈子產生於什麼樣的語境已不好評判，因為禪宗的「語言相」，往往說正說反，說對說錯，都不離自性。不過，臥輪偈子卻造成了時人理解的偏失。很多人都以為，「斷思想」，「心不起」就已經是空性的境界了。但是惠能批駁到：「此偈未明心地，若依而行之，是加繫縛。」〔註 91〕惠能認為，臥輪沒有見到自性，如果按照這種理念去修行，是要墮入執著的。所以他說：「惠能沒伎倆，不斷百思想。對境心數起，菩提作麼長。」〔註 92〕他認為恰好是不斷「思想」，心中能夠對外界保持絕對的靈敏，才是「菩提」的境界。不過惠能的詩偈中隱含著一個前提，就是「於念而離念」，即真正的「無念」，心不被左右。而不是心靈的放肆馳騁，任由妄念紛飛。

至於「無相」，它的根本也在於心性的無礙。「外離一切相」即「無相」，離一切相，就有「法體清淨」。《指月錄》中大珠慧海云：「心無形相。即是微妙色身。無相即是實相法身。」〔註 93〕

至於「無住」，就是無「繫縛」，即沒有被外物所局限。惠能說「念念之中，不思前境」，就是無住。這是佛教所謂的「過去心」不可得。如果能夠從「人之本性」的角度，去看待一切是非親怨，一切相就會「並將為空」。惠能所說的「前念今念後念，念念相續不斷」，實則是個體生命的日常存在模式，自己局限於這種生存模式中，自然就無法從更高的視角來看清自己的生存狀態，就不可能脫離這種「繫縛」。而當自性顯現，一切現象及模式就自然不起作用，也就能「無住」。從這個角度來說，無住也不過是無念的另一種表達形式而已。

如此，「三無」是一而非三，都是自性確證以後的對外量化，或者說它們是自性具有的功能。契嵩認為：「無相為體者，尊大戒也。無念為宗者，尊大定也。無住為本者，尊大慧也。」〔註 94〕即無相無念無住，是分別對應戒定慧的。戒定慧實質上也就是整套佛法體系的核心，這樣闡釋惠能「三無」也未為不可。而惠能對自己禪法中「三無」的解釋，則要精彩得多。云：

> 無念者，於念而無念。無住者，人之本性，於世間善惡好醜，乃至冤之與親，言語觸刺欺爭之時，並將為空，不思酬害。念念之中，不思前境，若前念今念後念，念念相續不斷，名為繫縛。於諸

〔註 91〕〔唐〕惠能：《壇經》，《大正藏》第 48 冊，第 358 頁。
〔註 92〕〔唐〕惠能：《壇經》，《大正藏》第 48 冊，第 358 頁。
〔註 93〕〔明〕瞿汝稷：《指月錄》卷九，《卍新續藏》第 83 冊，第 494 頁。
〔註 94〕〔宋〕契嵩：《六祖大師法寶壇經贊》，《大正藏》第 48 冊，第 346 頁。

法上，念念不住，即無縛也。此是以無住為本。善知識，外離一切相，名為無相。能離於相，即法體清淨。此是以無相為體。善知識，於諸境上，心不染，曰無念。〔註 95〕

從禪定的境界，修證的果位，乃至修持的法門，佛教內部都將其細化為無數個層次。但是，從根本上來說，任何一種人格的完善，及其終極生命境界的追求，都是以「降服其心」為本根的。禪宗在這點上體現得尤為充分，清掃完心靈中的障礙，就自然顯現出生命的最本真狀態。而一切之清掃，都可歸結為對「念」的超越。「念念相續」〔註 96〕，就造成業力的永遠流轉，一旦「無念相應」〔註 97〕，個體生命也就自然證入自性本根。故而，禪宗所謂「三無」，重點其實落在「無念」上，「住」和「著相」其實都是「心念」執著於物相，無法反觀自我體性。「三無」是一體不二的，只不過為方便而設罷了。惠能禪乃至一切佛法，最有意思的是，一旦立足於生命的本根視角，其他萬物萬象都是自性的化生，一旦證見自性，所有表述都在傳達著同一種根本，那就是生命本根。即使硬要強說他們之間的不同，也只僅限於側重點的差異而已。

二、無念無相無住之修學

很多研究中都談到「三無」是禪宗的修行方法，綜合其理由大抵如下。

首先，惠能在《壇經》中明確說過，「我此法門，從上以來，先立無念為宗，無相為體，無住為本。」據此理解，既然「三無」是「此法門」的根本，當然也就是修行法門。在《壇經》中，惠能不止一次提到要徒眾們「無念無相無住」，這樣一來，受眾就會苦心琢磨，力圖使自己「無」。也因此，僧人們才會傳唱臥輪禪師「有伎倆」的偈子。這些都說明徒眾們在尋求具體的「三無」修行方法，只不過不得要領，而且恰好與惠能所提倡的「三無」用意相反。實際上，「三無」正是為了對治人們這種生命現狀而設，直擊心識動用，至於具體方法則隨緣變化。故說無念無相無住實乃真實修習方法。

其次，禪宗的終極境界是空性，即所謂「涅槃寂靜」，但又常說是思維妄

〔註 95〕〔唐〕惠能：《壇經》，《大正藏》第 48 冊，第 352 頁。

〔註 96〕念念相續：實質上就是思維業力的運作，人的思維是永不停歇的一道「意識流」。自我的構成，其實就是每一個念頭的延續組合，自性就是迷失在這些雜亂無章的念念相續中。

〔註 97〕無念相應：當念頭單一化，就自然趨向無念的本性狀態，於是自性真空就自然顯現，照見一切念皆空。

念障礙了自性本體的顯現。順理成章，受眾很自然地會理解為，只要不起念頭，涅槃就會顯現。於是拼命使自己「無念」。實際上，「沒有念頭」和禪宗的「無念」是兩回事。「沒有念頭」被當做一種修行方法，盡力使自己不產生念頭，還是屬於主觀自我的作為，並非真無念，乃屬枯禪或無記空。自我一旦發生作用，自性真我就被迫隱遁。《大智度論》中有關於這種強行無念的論述。

> 如忍有二種，一者身忍，二者心忍。身忍者雖身口不動，而心不能令不起，少忍故不能制心，心忍者身心俱忍猶如枯木。〔註98〕

依據引文所云，強行「無念」，最終的結果還是「心不能令不起」，或者即使真的使念頭變少，甚或沒有了，反更會導致嚴重後果，即「身心俱忍猶如枯木」。如此，個體的存在價值也就成為偏執。禪宗的「無念」，實際是指證悟之後念頭不影響自性的運用。

從禪宗意旨看，「三無」既然是自性顯現後才具有的功能，無疑它們就是關於自性顯現與否的考量，其境界實際等同於自性。既然是「自性顯現」，也即修行所要達到的最終目標。換個角度而言，它是修行的指導、綱要，具體體現在修行方法中。雖無法強說無念、無相、無住就是具體的修行步驟，但一旦在具體語境下，就必然呈現為具體的修道方法，直接就是指導受眾如何去做到無念、無相、無住。

誠如之前所說，要做到無念、無相、無住，必須是確證自性以後才行。更準確地說，「三無」是自性顯現以後的功能屬性。作為個體生命的存在，想要以主觀的「修」來達到無念、無相、無住境界是不可能的。因為有業力作為主宰因素，「念」「相」「住」不會因主觀的有無觀念就會發生有無變化，這些業力正是障礙個體無法見性的根本原因。《成唯識論述記》中說：「由先業力恒不斷，遍相續執於身，捨執受處冷觸便起，壽、暖、識三不相離故。」〔註99〕業力的存在是一股強大慣性，它「恒不斷」，會「遍相續執於身」。雖然個體在主觀上想尋求無念、無相、無住，但業力慣性恰好讓人有念、有相、有住。事實上，自身的所有現狀，都是由業力所導致的，如果還是以被業力左右之下的思維模式去無念、無相、無往，只會強化業力的作用。

這樣說的目的，絕非否定「起修」的作用，而是說，如果「起修」之處有誤，修行過程反而會成為障礙的堆積。基於絕大部分人迷在無明中已是一種事

〔註98〕《大智度論》，《大正藏》第25冊，第271頁。
〔註99〕〔唐〕窺基：《成唯識論述記》，《大正藏》第43冊，第365頁。

實，為破除無明，「起修」當然也是解脫的開始。這就要求建立「正知見」，有效地指導修持。《金光明經玄義拾遺記》就認為「起修」極為重要，但是這個起修的「本」要建立在「本覺」之上。

> 今明圓宗全性起修。若不識性以何為修？性是本覺修是始覺，本覺無念遍一切處，即以此覺而為始覺。故不思議境即是觀，此之觀行方是圓宗。故知體顯次行文寬義緊。〔註 100〕

如果「不識性」，就無法走入修行的正途。「本覺無念」是處處時時都存在的，修行入手的「始覺」，就是要認識、體知「本覺無念」的存在。這樣才可能做到「無念」「不思議」而「觀萬象」。建立此「本覺無念」，便是正知見。同理，無念、無相、無住，便是禪宗指導修行的重要「正知見」。

這也是促成禪宗形成當下直了、頓悟氣象的根本原因。真正的「無念」「無相」「無往」，只能是以自性智慧觀照自身，發現自身的局限性。值此當時，就已經不是思維邏輯的按部就班，而是自性啟用。從修行的實際步驟來說，自性的偶然啟用並不足以令主體徹底「無念」「無相」「無往」，但這已經是步入一個即時觀照、逐漸純熟的過程。

從這個角度說，如果達到無念、無相、無住，就已經是體認到自性。只有「自性」才能夠無念、無相、無住。而如果硬要強行用無念、無相、無住修行，結果不外乎是兩個：一者，執著出一個「無」的存在。有了這個「無形」的執著，受眾是不可能最終到達空性的。其二，導致禪病，進入「頑空」，喪失生命的生機活力，如此便是對禪生生不息之創造力的否定。

故而，無念、無相、無住實實在在融通於具體禪修方法中，是禪宗的核心理念，是修行的根本指導。同時，它們又是修行者確證自性後的自然顯現，能照能觀，屬自性之妙用，隨時能夠演釋為具體的修行方法。

三、無念無相無住之般若

自性的存在沒有任何規定性，也就是說它是無形無相的。當個體生命確證自性，才會顯現為具體的作用，諸如於相而離相，外離相為定，見一切五蘊十八界而不住，念起念滅，不礙自性般若等。正因為有了這種「離一切」的功能，修學者才能真正從五蘊塵勞中解脫，超越個體而證悟終極價值。而這種解脫，具體便表現為無念、無相、無住。

〔註 100〕〔宋〕知禮：《金光明經玄義拾遺記》，《大正藏》第 39 冊，第 12 頁。

人作為意識高度發達的生命存在，極善於製造概念，卻不知一旦說某種東西「有」，這種東西便成為了個體生命活動的限制因素。從個體生命的角度說，一切萬有都是障礙，正是這些障礙的存在催促人類尋求解脫。當從生命的本根上超越了外在局限，那麼這些物相儘管還存在，但對本根生命的存在已經構不成任何干擾。無念、無相、無住，就是這樣一種事實，這樣一種境界。

惠能在《壇經》中說：

> 智慧觀照，內外明徹，識自本心。若識本心，即本解脫。若得解脫，即是般若三昧，即是無念。何名無念？若見一切法，心不染著，是為無念。用即遍一切處，亦不著一切處。但淨本心，使六識出六門，於六塵中無染無雜，來去自由，通用無滯，即是般若三昧。〔註 101〕

惠能對「無念」所下的定義並不唯一，他只是在因境闡釋，每一次的闡釋又不盡相同。他只是把握住了一條總原則：從見性的高度來注釋一切。這樣，也就不可能出現錯誤了。以上引文中，惠能將「無念」又稱作「般若三昧」。如果做得到「智慧觀照」，就能夠「識本心」，也即解脫。解脫就是「無念」，「無念」就是「心不染著」。那麼，當此心一顯用，就處處都是自性顯現，就不會「著一切處」。這就是「無念」的實質。

在上述引文中，惠能還透露了「有念」是怎樣造成的：「六識」生出「六門」，「六門」又取諸「六境」，所以造成了心中的障礙。反言之，如何做到無念？一旦「心體」顯現，來去自由，這道生產「妄念」的流程就不起作用了。所有的「念」，「相」等，就這樣「無」了。也就是說，以主觀意願去「無念」是無法達到真正見性無念的。

「無相」「無住」也是同理。即使是證見自性以後，也不是減少或阻止了念頭的發生，更不是視一切「有」為無，而是已能做到「轉世成智」，悟知「緣起性空」，心體超越外物而自然運作。從這個視野看，所謂「無念」「無相」「無住」實際上仍然是「有念」「有相」「有住」，只是這些「有」已經在自性的視野下自然發生、自然消解，見一切「有」卻反而已經質變為自性的妙用。

「無念」「無相」「無往」的到達，並不是簡單的加減法，絕非減掉「妄念」就剩下「真如」。當自性顯現，也並不是以自性之力將「妄念」去掉。如前所述，去掉念頭，人就墮入無記空、枯禪。況且，念頭本無真妄之分，自

〔註 101〕〔唐〕惠能：《壇經》，《大正藏》第 48 冊，第 350 頁。

性如迷，任何念頭都是妄念，而自性顯現，則一切念又都是正念。即所謂「無念念即正，有念念成邪」〔註102〕。故而，按照禪宗的理念，世人所謂「無念」「無相」「無往」，也許正是「殺佛」「損般若」，自性生機恰好被阻斷；而「有念」「有相」「有往」，或許正是自性妙用，見一切相而不迷失。

總之，「無念」「無相」「無住」也可以理解為破除、超越一切相，只不過它已不僅僅是方法和過程，而是已經呈現為「果境」「妙用」了。所以才會有人說：「無念之宗，解脫之謂也，無住之本，般若之謂也，無相之體，法身之謂也。」〔註103〕「解脫」「般若」「法身」，都已經是自性層面的作用顯現。據此，如果從「體性」上來理解「無念」「無相」「無住」，三者其實是個體生命能夠解脫的根本依據，本質上與自性是一體的，是自性之境，自性之用。

第四節　禪宗的出世入世智慧

禪宗的生命價值以自性般若為根本，為統攝，同時又深度融入儒家、道家的價值觀，形成了禪的智慧性與獨特性。具體而言是既追求出塵世外的生命價值，又強調基於世俗社會責任而修持，而化用，最終達成世出世間的不二統一。

一、追求出世生命價值

從個體看，禪門僧俗修學禪法的目的各有不同，有的為出家身心清靜，有的為投靠團體組織，有的為生計，為更好地規劃人生，而有的則是為了追求禪的般若解脫。這些目的、現象均可從歷代禪門中發現。但從總的禪宗理念而言，修學禪法毫無疑問是為追求出塵世外的生命價值。《憨山老人夢遊集》卷三十二《書〈四十二章經〉題辭》云：

> 其旨以一心為宗，故曰識心達本，號為沙門。以斷欲出塵為用，故曰離欲寂靜，最為第一；又曰愛欲斷者，如四支斷。以酪為教相，以醍醐出於奶酪。而無上佛果，皆本於真妄一心也。良由心為法界之本，欲為眾苦之源。今將離苦得樂，故以斷欲為先。世出世間修行之要，無外乎此，故為根本法輪也。有子曰：孝悌也者，其為仁之本歟！且順親為孝，敬長為弟。吾佛亦曰：孝名為戒，孝順三寶

〔註102〕〔唐〕惠能：《壇經》，《大正藏》第48冊，第355頁。
〔註103〕〔宋〕契嵩：《六祖大師法寶壇經贊》，《大正藏》第48冊，第346頁。

父母師僧，孝順至道之法。豈非以隨順覺性，而為復性之本耶？嗟乎！一切眾生。皆以淫慾而正性命，顛瞑於此，其來久矣！然性與欲，若微塵泥團耳，苟非雄猛丈夫以金剛心而割斷之，可以出大苦，得至樂乎？孔子曰：人有欲，焉得剛。不剛，則於此法門猶望洋也！是以吾佛出世，最初說此離欲法門，是猶痛處箚錐耳！故經中以此再三叮嚀致意焉！凡學佛道，有志於究明此心者，捨此而言行，是猶卻步而求前也。〔註 104〕

其中所言，先提及沙門之根本乃為「識心達本」，以一心為宗，旨在斷離世間諸欲望，出塵解脫，因世間欲望猶如四肢，堅固難捨難斷。次是以儒家的仁孝為例，借喻真正的孝是「戒」，真正的孝順是孝順三寶，孝順大道，求證自性而得解脫。後又誡說人們勿被世間種種苦樂所轉，故要以最利金剛心斷離種種欲望，求取真正的般若之法，自性真心。其總旨要乃為言明世俗者身處種種欲望痛苦之中，轉為沙門、修學禪法的根本目的乃為追求出世智慧。

正因為俗世人生由此種種利欲、身心痛苦，才需要及時明瞭其中的緊迫性，進而修學禪法。如廣真《吹萬禪師語錄》卷八云：

師慨四生中得人身者最難，人身中具世間智者更難，世間智中發出世間智亦復為難，出世間智而具上上智者難愈難矣，故拈偈以勉諸學人。〔註 105〕

所言「四生」即卵生、胎生、濕生、化生，廣真感慨「四生」之中人身最為難得，然而有人身者且有世間智、出世間者又更難得，最難得的還是有修行之上上智，所以在廣真看來，最高生命價值所在，無疑是出世間智慧。故提倡人們要珍惜生命，求取出世間生命價值。即如通微《萬如禪師語錄》卷六云：

眾生處處貪著，日與境緣親狎，不知生老病死，四面火來，燒殺父母妻兒，在前畢竟不能替卻。若是有力丈夫，截斷生死繩索，猛操智慧寶刀，披起忍辱鎧甲，穩坐諸法空座，管教在在解脫，直取無上菩提，契證真如妙樂，便好興慈運悲，普與愚夫發藥，使其轉凡成聖，破迷為覺者，是出家本分。〔註 106〕

〔註 104〕〔明〕德清：《憨山老人夢遊集》卷三十二，《卍新續藏》第 73 冊，第 692 頁。
〔註 105〕〔明〕廣真：《吹萬禪師語錄》卷八，三山燈來編，《嘉興藏》第 29 冊，第 502 頁。
〔註 106〕〔清〕萬如通微：《萬如禪師語錄》卷六，行猷等編，《嘉興藏》第 26 冊，第 464 頁。

通微禪師說人世間有種種苦，生老病死等現前，自己和父母妻兒都無法逃避，也無法尋求替代。於是當做有力大丈夫，尋求修行出世解脫智慧，並且廣度有情，做好這出家人的本分。

如上言論，其旨要均在說明出家或修行人（包括在家眾）皆應有感於世間苦難和個體生命的局限，致力於修行，追求出世生命價值。需要說明的是，出世價值只是禪門生命價值的體現之一，根據個體的不同，其所追求的出世價值或生命價值也存在不同形態，諸多禪門人士也同樣強調在世間實現生命價值。

二、倡舉世間修行成就

禪宗雖然追求出世價值，但在絕大部分禪者眼裏，禪法的設立就是因為有人，有煩惱，故而要在世間修行成就，並且要妥善處理好世間生命價值，世間價值的實現同樣是終極生命價值的表現。

如明僧天隱圓修《與潘如荄居士》云：

> 若是丈夫兒，為功名事業蹉跎歲月，是把功名事業翻為障道之緣。先輩大老咸在功名事業裡作菩提場，成就世出世間事。若道了卻世間事方可做得出世事，此是離世覓菩提，如人從東方走欲取西方物，打初一步便錯了也。不知世事如芭蕉葉，剝去一層又一層，何當有了底日子。功名大則世事大，功名小則世事小，況此事且不在功名內，且不在功名外，只在人人一念迴光返照，見得本來面目。〔註 107〕

天隱圓修此說極為直接，突出佛教造設龐大的理論體系以及發明諸多解脫方法，首先是以人為主體而建構、創造的，如果沒有人，當然就不會建立相應的修持方法。延伸而言，如果是其餘品類眾生為解脫自身而建構創造諸法，必然不會是人類所創造的諸法式樣。其次，諸法的設定，乃是為了解決相應的生命問題，各自生命問題不同，所造設出來的禪法便不相同。言下之意，如果沒有生命問題，便無需設立、使用相應禪法。如《黃檗山斷際禪師傳心法要》認為：

> 以心傳心此為正見，慎勿向外逐境，認境為心，是認賊為子。

〔註 107〕〔明〕天隱圓修：《天隱和尚和尚語錄》卷十二，通問等編，《嘉興藏》第 25 冊，第 578 頁。

為有貪嗔癡即立戒定慧，本無煩惱焉有菩提。故祖師云：「佛說一切法，為除一切心。我無一切心，何用一切法。」本源清淨佛上，更不著一物。〔註 108〕

佛說一切法，為除一切心。我無一切心，何用一切法。這是禪門最常舉用的名言。旨在強調一切諸法因人設有，因人隨緣變化。而作為人自身，對待一切禪法時也應客觀理性，踏踏實實在現有的人間基礎上修行：「佛法在世間，不離世間覺。離世覓菩提，恰如求兔角。」〔註 109〕而不是去追求虛無縹緲的世外菩提、西天神祇，或企圖到仙界神界再行修持。否則就如在兔子頭上找「角」，不但用錯了力，還根本不可能達成般若解脫目的。

三、達成世出世間不二

宏觀視之，禪宗既有出世的價值追求，也有世間的功德成就，甚至還有完成世間責任、世俗功業的多維價值觀。實際上，不論出世入世，禪宗追求的是「禪」的終極生命價值。這一價值，與是否出世或入世並沒有絕對關係。禪者，既可以是出世的，也可以是入世的；既可以是僧侶，也可以是在家眾。歷代以來以禪僧形式而做入世功德者並不在少數，而以在家形相修出世間智者也頗良多。如此，禪宗在達成世出世間統一方面毫無障礙。惠能《壇經．疑問品》中便有這種統攝理念：

師言：「善知識！若欲修行，在家亦得，不由在寺。在家能行，如東方人心善；在寺不修，如西方人心惡。但心清淨，即是自性西方。」

韋公又問：「在家如何修行？願為教授。」

師言：「吾與大眾說無相頌。但依此修，常與吾同處無別；若不依此修，剃髮出家於道何益？頌曰：

心平何勞持戒，行直何用修禪！
恩則孝養父母，義則上下相憐，
讓則尊卑和睦，忍則眾惡無諠，
若能鑽木出火，淤泥定生紅蓮。
苦口的是良藥，逆耳必是忠言，

〔註 108〕〔唐〕黃檗希運：《黃檗山斷際禪師傳心法要》，《大正藏》第 48 冊，第 380 頁。
〔註 109〕〔唐〕惠能：《壇經》，《大正藏》第 48 冊，第 351 頁。

改過必生智慧，護短心內非賢。

日用常行饒益，成道非由施錢，

菩提只向心覓，何勞向外求玄。

聽說依此修行，西方只在目前。

師復曰：「善知識！總須依偈修行，見取自性，直成佛道。時不相待，眾人且散，吾歸曹溪。眾若有疑，卻來相問。

時，刺史官僚、在會善男信女，各得開悟，信受奉行。〔註 110〕

上述引文主要有四方面內容：一是禪宗六祖惠能認為修行在家出家皆可，在家善修善行，就是得法；出家人在寺不修或心邪，則縱然在西天也不可能真正得到自性真禪。二是惠能將禪修價值觀貫穿在了世俗生活中，心平氣和、品正直行、孝順父母、仁義謙讓、善聽苦口良言、日用中時時改過自省，如此就是直心直用，將禪義貫穿在生活當中。三是菩提乃向內心求證，與是否為出家教徒無必然聯繫；向外求道求玄，反而遠離自性西方。四是跟隨惠能修學的受眾有僧俗官僚，善男信女，這意味著不論僧俗身份都可以修學禪法，並修有所成。

相應理念的具體體現，清僧石奇通雲《雪竇石奇禪師語錄》中的記載可略做例證。

一居士問：「看世間事，俱是假底，不如出家，還得麼？」師云：「出家亦是假底。」士云：「只苦跳不出。」師云：「既知是假，用跳作麼？」〔註 111〕

居士的想法是世間世情種種虛幻，還不如出家修行。石奇通雲點醒居士：出家也是假的，是虛幻的。如若執於出家在家，不過是又跳入另一種虛假執著而已。居士表達了自己對真假纏縛跳脫不出的無奈，通雲則說，既然「知」假，就是真知，何必跳出跳入。這是典型的禪宗參問修法，是實現世出世間不二的真實踐行。通雲的開示就是具體地參叩修學，只有了知世出世間乃人心分別，才會頓入禪法要義。

從禪宗的理論體系而言，世出世間毫無疑問是不二圓融的，但為何會出現力舉出世修行或堅持在世成就兩種情況？其原因一是修學者心有所執，對立出世在世，自認正確；二是個人價值選擇，出家在家無可厚非；三是修學

〔註 110〕〔唐〕惠能：《壇經》，《大正藏》第 48 冊，第 351 頁。

〔註 111〕〔清〕石奇通雲：《雪竇石奇禪師語錄》卷八，《嘉興藏》第 26 冊，第 508 頁。

既有所得，不同語境下說出世、說在世皆不背離禪旨，實是因緣而說、而立。這從另一側面也說明，造成種種世出世間對立的根本原因不是世出世間本身，而是修行者的般若解脫階境。單單知道世出世間不二之理，或在家出家均為虛幻之相還不夠，還須落實於真參實修，實現真正的智慧圓融。

綜合而言，最可體現禪宗般若解脫論的內容，一是般若、解脫兩大範疇的充分融合統一，二是禪宗戒定慧內義，三是禪宗無念無相無住之境，四是禪宗出世入世智慧。禪宗的般若解脫，既是方式，也是果境，更是妙用，而且在不同語境下其含義、詮釋存在靈活性差異。般若解脫論是禪宗思想體系的又一大理論綱要和內在修持邏輯，最能代表佛教的中國化程度，突顯了禪宗是佛教和中華文化融匯創生的文化形態。當然，何為禪宗「般若解脫論」並無絕對限定，而是相關內容都應整合而入，而闡釋。一般意義上講，禪宗般若解脫論毫無例外地延續了魏晉六朝時期的中國佛教般若修學體系。其中最突出者，是以「空性」「自性」「般若」等範疇作為根本概念，承襲一念心有、空有俱遣、不一不異、智慧妙用等唯識與中道理念，以及最上乘論的第一義諦思想，從而豐富、深刻地體現了禪宗生命學。真修習禪法者，乃修習般若解脫，而非揀擇僧俗具相。這一層面，般若解脫往往顯之以禪宗相，卻又超離禪宗相。禪的智慧並不單獨屬於出家眾或諸解脫者，同樣也屬於在家眾乃至其餘品類眾生，不應受身份、形相限人自限或欺人自欺，從而使世外世俗中的生命達成共同、終極的禪生命價值。

第五章　禪宗的生死關懷論

生死，既是人生探討的重要議題，也是禪宗探索的核心領域。於禪宗而言，生，主要是探討生命的來源、實質以及生活的健康、幸福、圓滿；死，則是探討死亡的歸所、死亡的質量、死亡的尊嚴、死亡的技術等。當然，在禪宗生命學中，生死是一體的，不可割裂而論。從禪宗史上看，甚至可說禪宗就是為了解決生死問題而形成、存在的。禪宗在理論和實踐上將生死問題處理得非常獨特，乃至生活成為審美，而死亡成為藝術。毫無疑問，在現代社會，禪宗的生死智慧能夠為人們的生死關懷提供大量經驗借鑒。

第一節　禪宗眼中的生死現象及其實質

生死現象實際存在，而且各種生命無不困厄於其中。但是，如果從禪宗更為宏觀、全域的生命視野去看待，則生死便具有了新的視角、新的含義和新的出離途徑。

一、生死事大：超離生死為生命要務

生死，在任何時代都是人類生命的主題。禪宗之所以認為「生死事大」，即將生死問題置於生命關懷之首要。生命的存在，無非就是為了尋求解脫，徹證自性，突破個體生死的局限，最終安頓於當下。對這一主題，歷代禪宗所論甚多。

達摩《血脈論》云：

佛即是自在人，無事無作人。若不見性，終日茫茫，向外馳求

覓佛，元來不得。雖無一物可得，若求會，亦須參善知識，切須苦求，令心會解生死事大，不得空過。自誑無益，縱有珍寶如山，眷屬如恒河沙，開眼即見，合眼還見麼？〔註 1〕

這是禪宗較早的關於「生死事大」的文字記錄，用意在於教導門徒修行見性，提醒其解透生死、超離生死的緊迫性，否則就會空過一生，不得不承受死亡的恐懼與果報。

據《壇經．行由品》記載，當弘忍看到門人修行的弊病後，也語重心長地教誡說：

吾向汝說，世人生死事大。汝等終日只求福田，不求出離生死苦海。自性若迷，福何可救？〔註 2〕

意思是，弘忍門人大多一心只想成佛，求福德，卻不知道佛法本來就是用以解決生死大事的。只有解決生死大事，才可能真正成佛。可是，對自性的盲目追求卻正好障礙了自性的顯現，自性已「被迷」。如果是這樣，建立再多的福德，對生命解脫也毫無裨益。

上述多概略而說生死事大，某些禪僧的言論則相對細緻一些。例如宗杲《大慧普覺禪師語錄》云：

既知得這兩路子皆屬虛幻，然後發勇猛精進堅固不退之心。決欲超情離見，透脫生死，臘月三十日，善惡兩路，拘執我不得。〔註 3〕

大慧宗杲說，既然體悟到了「這兩路子」（善惡俗見）皆屬於虛幻，便應發勇猛信心，精進修行不退，以此超離世俗情見拘役，透脫生死關隘。如此，「臘月三十日」（臨終時）的善惡路途便由自己抉擇。

此外諸多禪宗經典也屢屢談到生死事大。如中鋒明本《天目明本禪師雜錄》說：

我為生死事大，無常迅速，千人萬人都是如此出家，如此行腳，如此求人，如此學道。〔註 4〕

明本主要是自說出家修行目的，為生死事大無常迅捷，同時也教誡徒眾要以生死事大為念而行腳，求教，學道。

元代僧人天如惟則《語錄》甚至說：

〔註 1〕〔梁〕達摩：《血脈論》，《卍續藏》第 63 冊，第 2 頁。
〔註 2〕〔唐〕惠能：《壇經》，《大正藏》第 48 冊，第 347 頁。
〔註 3〕〔宋〕宗杲：《大慧普覺禪師語錄》，《大正藏》第 47 冊，第 903 頁。
〔註 4〕〔元〕明本：《天目明本禪師雜錄》，《卍續藏》第 70 冊，第 731 頁。

> 生死事大，諸禪德，須是將生死兩字貼在額頭上始得。〔註5〕

天如惟則甚至提醒諸禪人，對生死事大的重視要達到將生死二字貼印在額頭上的程度，以此隨時警醒自身。

又《憨山老人夢遊集》云：

> 諸善男子，各諦思惟。應當痛念生死事大，無常迅速。一失人身，萬劫難復。〔註6〕

憨山德清主要是以生死事大告誡徒眾，應當顧念生死催逼無常迅捷，更要抓住此人身修行的便利機緣，失此人身，萬劫難復，更無可解決生死大事之時。

禪宗對解脫生死的呼聲要強過其他宗派。於禪者而言，修行的首要目的幾乎都是為解決「生死大事」。《禪林寶訓》卷四云：

> 水庵謂侍郎尤延之曰：「昔大愚慈明谷泉琅琊，結伴參汾陽。河東苦寒眾人憚之，惟慈明志在於道，曉夕不怠。夜坐欲睡引錐自刺，歎曰：『古人為生死事大不食不寢，我何人哉？而縱荒逸。生無益於時，死無聞於後，是自棄也。』一旦辭歸。汾陽歎曰：『楚圓今去，吾道東矣。』」〔註7〕

禪宗的修持，都以解決生死事大為目標。引文中的僧人「楚圓」（石霜楚圓慈明）就是因生死的催逼才發狠打坐修行，他說：古人為生死事大能不吃不睡，我又憑什麼放縱荒廢！還以錐刺股逼迫自己精勤修行。待他辭別師父汾陽善昭之時，果然圓滿。汾陽善昭也印可了楚圓，說自己的道法已經被楚圓繼承往東而去。

可以說真正的禪宗修學者無不以生死事大為念，為要務。足見禪宗觀念中，解決生死困苦是何等的重要與急切。姑且不論生死解脫對於追求智慧的巨大作用，單是生命臨終結時造成的恐懼和哀痛，就是禪眾亟待解決的問題。例如《壇經》中載惠能滅度時「法海等聞，悉皆涕泣」〔註8〕，而後「林木變白，禽獸哀鳴」〔註9〕。大慧宗杲滅度後的情形，也和惠能出奇地相似，似乎三千大千世界都為之動容：「平明有蛇尺許，腰首白色，伏於龍王井欄，

〔註5〕〔元〕惟則：《天如惟則禪師語錄》，《卍續藏》第70冊，第757頁。

〔註6〕〔明〕憨山德清：《憨山老人夢遊集》，《卍續藏》第73冊，第473頁。

〔註7〕〔宋〕淨善：《禪林寶訓》，《大正藏》第48冊，第1035頁。

〔註8〕〔唐〕惠能：《壇經》，《大正藏》第48冊，360頁。

〔註9〕〔唐〕惠能：《壇經》，《大正藏》第48冊，362頁。

如義服者，乃龍王示現也。四眾哀號，皇帝聞而歎息。」〔註10〕這樣看來，絕大多數時候絕大部分禪門弟子都還在生死現象中周旋，而即使是「龍王」「人王」等特殊身份的生命也還是不能超越生滅現象，苦於生死哀痛。可見，被生死所困擾的眾生「苦厄」是何等的深刻。

生命現象一旦成為一種事實，就意味著必然要承受生死困厄。從以上悲泣歎惋者的角度看，與其說是渴望祖師住世傳法，毋寧說是他們自身迷失在了生死幻相中。禪宗的生死視角，正是要超越這種迷失，確證生命真相，實現生死自由，將生死問題徹底解決。「生死能『了』，即表示有限的生命已進入無限，他（僧人）不再為他的有限性惶惑；他的不安可以解除，而且是終極的解除。」〔註11〕

上述內容從不同維度體現了禪宗強調生死事大的原因。綜合而言，大致有幾點：一是為解決死亡恐懼、愛別離苦。對死亡領域的未知，以及失去至親的痛心，導致生命飽受摧殘，故而需要解決生死大事。二是如宗杲所說，脫離業力，自主掌握臨終時的去向，或中陰解脫，或託生善道。三是禪宗認為生命臨終時「靈龜脫殼」，靈肉分離、粗細意識分離，如此種種均似剝皮剜骨，極其痛苦，解決生死事大，便意味著能夠輕易處理臨終事宜，不復痛苦。四是能自主解決生死大事，某種程度上已經意味著見性解脫，獲得般若智慧。故而生死事大，乃為催促精進修持，實現生命解脫。因此，生死事大之說，是為揭示生命本質之言，也是鞭策禪眾修持之行。

從生命的結構、實質、運作等角度看，對生死的解決，並不是追求一種虛妄的理想存在。現實生活中，生死之苦集中在心靈和肉體上，所謂的徹底解決生死之苦，並不是執求生命現象常駐，也不是勸誡眾人說生命現象沒有意義，而是通過心性的徹悟，身命的煉養，看清生死的實質，繼而超離，安頓於自性本根之生命境域。而關於肉體，當它存在時就合理地保養、運用，某一天終止時，也就可安然而無所歎息。當然，身心生命是一體不二的，當心靈安頓於自性本根，身體自然會呈現相關的自在和健康；當身體健康安適，心靈自然也就容易自足、平靜。如此，生死之苦也就自然瓦解，自性智慧也就自然長在。

〔註10〕〔宋〕普濟：《五燈會元》卷十九，《卍續藏》第80冊，第402頁。
〔註11〕何建明：《佛法觀念的近代調適》，廣東人民出版社，1998年，第132頁。

二、生死之海：一念愚迷而生死沉淪

禪宗常常將生死喻為「生死海」，蓋生死之苦於生命過深過烈。至於生死海之形成，禪宗認為是自心愚迷、生命沉淪而致。

表現一，愛憎揀擇而入生死海。如臨濟義玄《鎮州臨濟慧照禪師語錄》中云：

> 夫出家者，須辨得平常真正見解：辨佛、辨魔，辨真、辨偽，辨凡、辨聖。若如是辨得，名真出家。若魔佛不辨，正是出一家，入一家，喚作造業眾生，未得名為真出家。秖如今有一個佛魔同體不分，如水乳合，鵝王吃乳，如明眼道流，魔佛俱打。爾若愛聖憎凡，生死海裏浮沉。〔註 12〕

義玄（敕諡慧照）所論本是針對「何為真出家」的辨析說明，但卻講清了生命生死沉淪的主要原因，即無正見，陷入分別心。如果是真正出家的「明眼道流」，便分得清佛魔、水乳，即使二者雜纏在一起也不會執著，進而還俱打俱遣。但如果不善分別，愛聖憎凡，即是造業眾生，便會沉浮於生死海。由此可知，生死海即是生死愚迷。

對沉淪此生死之海，宏智正覺《廣錄》卷四亦載：

> 上堂云：「愛結成身，想澄成界，從此漂流生死海。照徹靈源湛不渾，方知幻泡同無礙。六門氣秋，四大緣壞，了了一真常自在。」〔註 13〕

宏智正覺將生命漂流生死海的原因歸結為「愛結成身，想澄成界」，大意是愛憎取捨，落於想業。須是照徹靈源，才能在此想業幻夢中無礙出入，一真常在。

此外，宋僧咸傑《密庵和尚語錄》云：

> 祖師又道：起諸善業亦是幻，造諸惡業亦是幻。身如聚沫心如風，幻出無根無實性。從上諸聖，盡向生死海中，頭出頭沒，互相激揚，只要當人直截承當。自見諸人，不肯迴光返照，流浪生死。〔註 14〕

〔註 12〕〔唐〕義玄：《鎮州臨濟慧照禪師語錄》，慧然集，《大正藏》第 47 冊，第 498 頁。

〔註 13〕〔宋〕正覺：《宏智禪師廣錄》卷四，普崇、法為編，《大正藏》第 48 冊，第 40 頁。

〔註 14〕〔宋〕密庵咸傑：《密庵和尚語錄》，崇岳、了悟等編，《大正藏》第 47 冊，第 973 頁。

這是密庵咸傑在以「生死之苦」的普遍和沉重來概括諸迷失、苦厄。具體而言，則是有感於身語意三業造成的障礙迷失，生命流浪在「生死之海」中。

表現二，受業惑拘役而入生死海。同樣的含義，有的典籍亦將之表述為「生死曠野」〔註 15〕，這種說法也極具特色。之所以沉淪「生死曠野」，乃是因為：「我於過去無始劫中，由貪嗔癡，發身口意作諸惡業，無量無邊。」〔註 16〕即認為無始劫以來的貪嗔癡積累成身口意諸惡業，阻斷了如來真智的運作、呈現，故而形成生死迷惑，流浪曠野。實際上，關於此生死形成的原理，禪宗諸多場合都有相應表述，其目的都在突出一個核心：眾生諸業、諸煩惱導致「生與死」的形成。

最突出的表現在於具體生命形態的形成與迷失。禪宗常常列舉卵生、胎生、濕生、化生、天龍八部、人、非人、無足、二足、四足、多足等各種生命形態，以作為說明。這些生命形態不論境界高低，既然生成，就已被生死苦厄束縛。這是一種悖論：生命是最神奇的造化，然而一旦形成，就產生了個體的獨立意識、排斥屬性，例如固定形相、固定心識，這是「業力」的體現，反過來又導致了更深的業果積累。——因身口意三業的遮覆而斷離了自我和自性的鏈接。由此，既安頓不了生，也明白不了死，只能沉淪在生死之海中。於是，生命的領域便被窄化，生命形態的終結便被認為是「死亡」。故而，恐懼、妄作、纏縛等最大的生死之苦就產生。

生命的產生，從生成本體上來說，皆由涅槃自性顯現，主要可歸結為五蘊十八界的因緣聚合。在禪宗看來，生命的本來面目並不以任何一種固定相狀存在，只是因為五蘊十八界的內外和合，就造成了一定的生命結構。「五蘊」是因為有了思維念頭這一因緣，才從佛性中變現而出。具體到人身的生成，如有學者就認為：「一方面以潤生的煩惱（貪愛）來滋養鼓蕩業習氣，業習氣又協助和促使四大潛能生起現行；而另一方面投胎者的父母必然是以現行的人業作增上，來引發投胎者也同樣是屬於人業的習氣（種子）現行，內外相同的業力互相吸引，展轉引發增上，然後才會形成有六道輪迴中屬於人形的根身生起。」〔註 17〕其實不獨於人，一切生命的產生都是同一種道理。生命既然成為

〔註 15〕《華嚴經》（四十卷本），般若譯，《大正藏》第 10 冊，第 845 頁。
〔註 16〕《華嚴經》（四十卷本），般若譯，《大正藏》第 10 冊，第 845 頁。
〔註 17〕唐思鵬：《佛教的生死觀》，《國學論衡》，2007 年第 4 輯，第 219 頁。

一種結構，就必然會消解滅亡。正所謂緣聚則生，緣散則滅。一般意義上講，生命結構是永遠在變化的，生而滅，滅而生，是以陷入生死輪轉。正如窺基《成唯識論述記》卷十五說：

> 於今身中前異熟果受用盡時，即是此身臨終之位。彼所熟業復別能生後餘果起，即先果盡時，後果業種熟，其異熟果而復得生，所以生死不斷絕也。〔註18〕

從此角度說，生死生成的更深一層原因，不是因緣的隨意變化，而是有其決定性因素，即因果業的存在。生命如何生成，如何運作，如何滅散，都是因果業在主導。禪宗多次提到眾生的煩惱苦受，其圭旨就為說明生命陷入因果輪迴中，才造成了「生死相續不絕」。

表現三，偽修行而墮入生死海。諸多禪宗門徒都知生死事大，要脫離生死之海，並且也在參修。但是，有一類人卻屬偽修行，以參禪修行的名義陷入執著、愚迷。如《景德傳燈錄》卷六云：「求福求智於理無益，卻被解境風漂，卻歸生死海裏。」〔註19〕這類人參修的目的是求福報、求智慧，陷入執求，最終生死沉淪。另有一類人是執著於公案教言、教外別傳、不立文字諸相。如元僧元長《千岩和尚語錄》云：

> 因甚二祖三拜，達摩謂之得髓？師資會遇，冥然吻合，以至六祖不會，德山棒、臨濟喝，魯祖面壁傳也傳不得，說也說不得，故云教外別傳之旨。何不直下與麼會去？與麼休歇去？與麼省力去？卻外求許多拉圾築在肚皮裏，增長無明，滋培業識，牽入生死海裏浮沉，未有了日。所以道，普者不說，說者不普。〔註20〕

在元長看來，慧可傳達摩禪髓，惠能所傳南禪乃至德山棒、臨濟喝等法，實是以心傳心，言說不得。當前學人所修所學，大多不解祖師真實教外別傳、真實不立文字，不悟直下見性義，而只是積攢了諸多「拉圾」橫在心裏，增長無明，滋培業識，牽入生死海裏浮沉，無有解脫出離之日。這一類修行者陷入的生死之海，實質上是「心念執持」。口上說禪，卻非真禪，實為偽修，實為生死。

其中詳細內涵，禪宗有些論說極為精當：

〔註18〕〔唐〕窺基：《成唯識論述記》，《大正藏》第43冊，第516頁。
〔註19〕〔宋〕道原：《景德傳燈錄》卷六，《大正藏》第51冊，第249頁。
〔註20〕〔元〕元長：《千巖和尚語錄》，嗣詔輯，《嘉興藏》第32冊，第212頁。

何謂生死念頭？兩端取捨心是。何謂兩端取捨心？一切對待法是。對待者，上與下對，東與西對，大與小對，真與假對，凡與聖對，善與惡對，道與俗對，貧與富對，寤與寐對，有與無對，佛與眾生對，出生死與生死對。但一念一動，一語一默，才落兩端，便是取捨，不知不覺，時時刻刻，念念剎那，墮在生死之中永不能出脫自在，縱使念得佛，持得咒，坐得禪，修得觀，作得福，懺得罪，亦皆從兩端心識上流注做盡活計，與向上菩提有何交涉？所以達磨東來，直指人心，見性成佛。人心者，即兩端心是，成佛者，即透兩端心是。了卻兩端，則不名人，不名佛說人說。佛對眾生情謂道耳，情斷則有何言說可到，惟向言說不到處說此一段大事。〔註21〕

生死念頭的核心是「兩端取捨心」，即所謂心有分別、心有對待、心有是非取捨，甚至是心有生死對立。一旦受此生死心念束縛，即使念佛、持咒、坐禪、修觀、作福、懺罪等，盡都是從兩端心識上流注做活計，不可能真正證見空性，當然也就不可能徹底出離生死之海。

也就是說，一念迷即沉淪生死之海，一念悟即出離生死之海。表面上看，生死是指念頭、迷失，但往深處推究，禪宗的生死觀是全域的，但凡心有愚迷，就迷失於生死桎梏。然而一旦出離心念愚迷，即可證見自性，即不被生死現象束縛而生死自由。

三、生死一如：全域視野中生死無礙

一般意義上的生死是從生命的「存活——死亡」現象來定位的，將生命範疇限制在從生到死之間。不過，禪宗卻在全域生命視野中將生死的含義作了延伸：生死一如。所謂「生死一如」，其實是禪宗式的表達，指生死之間的一體化、超越具象、圓融無礙等含義。大致可從以下幾個維度理解。

（一）生死一體

生死共屬於生命過程中的兩個階段。凡是被業力掌控，步入煩惱，形成痛苦，即使還活著，也被禪宗視為迷於生死；如果證悟自性智慧，於生命無惑，安頓於當下，即使死亡，也不過是明瞭去處，轉換形態，向死而生，即超越生死。——這就是禪宗視野中的生死一體，生死一如。

〔註21〕〔明〕法藏：《三峰藏和尚語錄》卷十三，弘儲編，《嘉興藏》第34冊，第185頁。

在禪宗的觀念中，世人常將生死視為二分，例如《壇經》中，當志道向惠能請教關於《大涅槃經》生滅問題時，有如下記載：

> 師曰：「汝何處未明？」曰：「『諸行無常，是生滅法。生滅滅已，寂滅為樂。』於此疑惑。」師曰：「汝作麼生疑？」曰：「一切眾生皆有二身，謂色身法身也。色身無常，有生有滅。法身有常，無知無覺。經云：『生滅滅已，寂滅為樂者』，不審何身寂滅？何身受樂？若色身者，色身滅時，四大分散，全然是苦，苦不可言樂。若法身寂滅，即同草木瓦石，誰當受樂？又法性是生滅之體，五蘊是生滅之用。一體五用，生滅是常。生，則從體起用。滅，則攝用歸體。若聽更生，即有情之類，不斷不滅。若不聽更生，則永歸寂滅，同於無情之物。如是，則一切諸法被涅槃之所禁伏，尚不得生，何樂之有？」〔註22〕

志道所提問題，也是大部分人心存疑慮的地方，主要內容集中在三方面：一是他將色身和法身對立起來，認為當色身死亡時，四大分散，只有痛苦。而法身像木石一樣，沒有感覺。如此，到底是「二身」中的哪一身在「寂滅」？在感受得到「苦樂」？二是他依然將生命的結構理解為體用關係，「法性」為體，「五蘊」為用。產生生命，是法性的起用，生命死亡，則回歸法性。按此邏輯，生命豈不是在永恆的「生——滅——生」中受輪迴？三是如果已經達到涅槃解脫，生命豈不是進入了無邊的「寂滅」，那與沒有生命又有何區別？最後，志道失望地說：世間的一切都被「涅槃」所束縛了，連生機都沒有，又何來「寂滅為樂」？

針對志道所持疑問，惠能給予了批評且糾正。他說：

> 汝是釋子，何習外道斷常邪見，而議最上乘法？據汝所說，即色身外別有法身，離生滅求於寂滅。又推涅槃常樂，言有身受用。斯乃執恪生死，耽著世樂。汝今當知，佛為一切迷人，認五蘊和合為自體相，分別一切法為外塵相，好生惡死，念念遷流，不知夢幻虛假，枉受輪迴，以常樂涅槃，翻為苦相，終日馳求。佛愍此故，乃示涅槃真樂。剎那無有生相，剎那無有滅相，更無生滅可滅，是則寂滅現前。當現前時，亦無現前之量，乃謂常樂。此樂無有受者，亦無不受者，豈有一體五用之名？何況更言「涅槃禁伏諸法，令永

〔註22〕〔唐〕惠能：《壇經》，《大正藏》第48冊，356頁。

不生」，斯乃謗佛毀法。〔註 23〕

惠能解答的要點如下：第一，批評志道的理解是外道斷滅見，執著於現象上的生滅。色身和法身是不一不異的，「寂滅之樂」並不離開色身而存在。第二，解釋釋迦牟尼建立一套佛教智慧的原因，就在於要讓流於「五蘊」生死者得到解脫。而這種解脫的智慧，是不執著於「生相」，不執著於「滅相」，甚至從根本上說，生和滅都不存在，又能去滅什麼？第三，因為「寂滅」是生命之本根，無相無著，是無法用體用關係的受與不受來量化的。這已經從根本層面揭示了禪宗「生死一如」的含義。

又《壇經》中，內侍薛簡以生滅斷見的思維向惠能請教：「修道之人，倘不以智慧照破煩惱，無始生死，憑何出離？」〔註 24〕言下之意，薛簡還是認為要以一個額外存在的「智慧」來照破生死煩惱，這是典型的生死二分。但是惠能告訴他：「煩惱即是菩提，無二無別。若以智慧照破煩惱者，此是二乘見解，羊鹿等機。上智大根，悉不如是。」〔註 25〕即沒有孤立存在的般若智慧，亦無斷滅的生死問題，一旦隔離二者，就是「二乘見解」，沒有落在本根自性上。生死的有無是這樣的：「著境生滅起，如水有波浪，即名為此岸。離境無生滅，如水常通流，即名為彼岸。」〔註 269〕在此境界下，生死就是一體的。問題的關鍵還在於「離境」，才能不被生死現象所左右。不過，這已是一種工夫進階，這種「果境」，並不是主觀想達到就可達到的。

另外，「活著」的生命個體是從「空性」中聚合而生的，本身即是「空性」的表現形式。個體在確證空性以後，就突破了現象的局限，具足了空性的本根力量，即使死亡，也只是因緣聚散，回歸於無。故而，生死現象就統攝於「自性智慧」，生死只是生命形式上的變化，因此自然就是一體。關於這一理念，《大慧普覺禪師語錄》中記載了大慧宗杲的觀點：

> 「生是死之生，死是生之死。兩路坦然平，無彼復無此。既無生死，又無彼此。明明百草頭，明明祖師意。如天普蓋，似地普擎，一念相應，一時清淨。」召大眾云：「既無生死，只如檀越給事，五十七年前是個甚麼？五十七年後又是個甚麼？」〔註 27〕

〔註 23〕〔唐〕惠能：《壇經》，《大正藏》第 48 冊，第 356 頁。

〔註 24〕〔唐〕惠能：《壇經》，《大正藏》第 48 冊，359 頁。

〔註 25〕〔唐〕惠能：《壇經》，《大正藏》第 48 冊，359 頁。

〔註 269〕〔唐〕惠能：《壇經》，《大正藏》第 48 冊，350 頁。

〔註 27〕〔宋〕宗杲：《大慧普覺禪師語錄》，《大正藏》第 47 冊，第 820 頁。

在大慧宗杲的言說中，生死已成為一體，甚至既無生死，又無彼此，又何談數十年前的「生」，或數十年後的「死」？禪宗為了避免理解上的歧義，常常強調應連這個「生死」也無，連「無」也無，才生出真正出離生死的中道義。

所以，空性通過個體發生作用，個體也正是那個可以「求見」本根生命境界的「甚麼」，融通「自性」以後，兩者是不相妨礙的。邏輯推演很難得出生死為一，空有不二，是因從現象層面出發，從心識邏輯推演。這一原理，其實莊子也已說過：「彼出於是，是亦因彼……方生方死，方死方生。」〔註 28〕莊子所論的前提是從「道」的角度審視。而禪宗所謂的「生死一體」，當然也就是從自性的角度看生死。如此一來，自性本根靈靈明明，世俗生死當然就不會再成為對立障礙。

（二）無生無死

「生死一如」還包含著「生命實相就是如此如如不動」的深意，一旦見性，生死一體；從自性本身而言，甚至是既無生也無死。當然，其前提同樣也是見性解脫。如圜悟克勤《語錄》卷十九載：

> 舉：雪峰問僧：「近離甚處？」僧云：「覆船。」峰云：「生死海未渡，為什麼覆卻船？」僧無語。（覆船代云：「渠無生死。」雪竇代云：「久響雪峰。」）「未渡生死海，不應覆卻船。渠本無生死，超然離二邊。長如杲日麗中天，舒光照到雪峰前。」〔註 29〕

引文先舉雪峰義存問僧近來從何處離開，僧人回答「從覆船洪薦禪師處」。覆船洪薦是石霜慶諸的得意門生。雪峰借用「覆船」之名順勢追問：你尚未度離生死海，怎能就先覆船？言下之意是說僧人尚未證悟解脫，怎能就將自度之船覆過來閒置了。僧人不知所以，無話可答。後來，覆船和尚代替他回答「渠無生死」（因為無生死可度）。最後，圜悟克勤也以偈語的形式讚頌說「渠本無生死，超然離二邊」，認為本來就沒有生死。

此外，《景德傳燈錄》卷六載：

> 有韞光大德問：「禪師自知生處否？」師曰：「未曾死何用論生！知生即是無生，法無離生法說有無生。」祖師云「當生即不生」。曰：「不見性人亦得如此否？」師曰：「自不見性，不是無性。何以故？

〔註 28〕陳鼓應：《莊子今譯今注》上冊，商務印書館，2007 年，第 67 頁。

〔註 29〕〔宋〕圜悟克勤：《圜悟佛果禪師語錄》卷十九，《大正藏》第 47 冊，第 804 頁。

見即是性，無性不能見。識即是性，故名識性。了即是性，喚作了性。能生萬法，喚做法性，亦名法身。馬鳴祖師云：「所言法者，謂眾生心。」若心生故一切法生，若心無生法無從生，亦無名字。迷人不知法身無象，應物現形，遂喚青青翠竹總是法身，欝欝黃華無非般若。黃華若是般若，般若即同無情。翠竹若是法身，法身即同草木。如人吃筍，應總吃法身也。如此之言寧堪齒錄。對面迷佛長劫希求，全體法中迷而外覓，是以解道者行住坐臥無非是道，悟法者縱橫自在無非是法。〔註30〕

其本質是「法性本無生滅去來」〔註31〕，在自性層面，生命是沒有生死的，甚至連生和死的「概念」都沒有，只有「空性」，故而就「無生滅可滅」。按照這種理路，確證「空性」以後，生和死的界限就被取消了。日常所謂的生死，不過是人類意識造出來的「五蘊」幻相而已。在最終極的「空性」眼前，生滅本為「一」，連「一」也不是，三界本無生滅。禪宗的高超之處就在於其從終極層面理會生死的幻相，只有「生命狀態」存在，而無生死，生和死是人們執著出來的一對概念。這也是整個人類文化體系中，人類思維運作方式的縮影，生和死一旦被人們當作一對矛盾概念以後，就產生了二元對立。於是生命世界似乎就真的是這樣：非生即死。而生死現象背後的「空性」也因此難以企及。

從禪宗的理論體系看，做到了「覺」，就是自性在起作用，自心佛就能「度一切苦厄」。但是，當心性一旦被迷，就會導致「輪轉三界」，這種輪轉其實就是世人眼中生命的「生死現象」。「無明」和「般若」的差距就在於此。若「遍於一切處見於如來」，就「可以高超三界獨步大方，可以截生死流據佛祖位」〔註32〕，突破生死現象的局限。故而，禪宗常說生死不過是因緣和合而生，緣聚則生，緣散則滅；但萬法唯識，三界唯心，生滅不斷，生命還會以其他的方式延續。而真正永恆不變、不斷不常的生機，還在於生命的「自性空」。《天隱和尚語錄》卷十五云：

諸行無常，是生滅法，生滅滅已，寂滅為樂。無上大涅槃，圓明常寂照，凡愚謂之死，外道執為斷。諸求二乘人，目以為無作。

〔註30〕〔宋〕道原：《景德傳燈錄》卷六，《大正藏》第51冊，第247頁。
〔註31〕〔唐〕惠能：《壇經》，《大正藏》第48冊，360頁。
〔註32〕〔宋〕宗杲：《大慧普覺禪師語錄》，《大正藏》第47冊，第848頁。

> 惟有過量人，通達無取捨。六祖盡力說到這裡，止說得一個無取無捨。既無取捨，亦無去來。既無去來，豈有生死！生時不來，死時不去，湛然圓寂，心境一如。但能直下頓了，不被三世所拘。〔註33〕

按照天隱圓修的說法，生死的實質是沒有生死。禪宗從生命現象和生命本體的一體不二來破除生死的局限。佛教並不否定個體生命的存在意義，只不過敏銳地看到了個體存在的局限。以傳統的價值觀來判斷，生命始自於父母，結束於死亡。準確地說，禪宗看到的生命並不只是如此，這只不過是「身體」而已。生命結構包括生命現象和生命本根，用現在的話來講，可概括為身、心、自性三層，並且「自性層」還不能簡單地理解為「靈魂」，而是「生命的本根狀態」。個體常常因為「心意識」「身觸受」的旺盛而阻斷了與本根自性的鏈接，整個禪宗的要務就是力圖讓眾生超越個體局限，絕卻心意識路頭，取得與絕對本體的合一，從而將個體生命的意義置於本根的高度，以期得到永恆，進入真正的「自性生命境界」。

禪宗這套語言體系下面隱藏著一些弦外之音。結合禪的根本點「自性」來看，要解脫生死，就要確證自性本根。而一旦確證自性，就能夠「離相」，所以生滅也就不會影響到個體生命「當下的寂滅為樂」，也就「更無生滅可滅」。說白了，絕對多數迷失者的問題在於用「知解」來推究生滅的本根（寂滅）。若本根力量沒有外化，這種超越生滅的寂滅境界是無法體味到的，最終造成的結果就只能是執迷於生滅現象，將生與滅對立起來。從現象層面看生滅，的確存在著這些問題。故而禪宗也只能重複強調：「真常寂滅樂，涅槃相如是。吾今強言說，令汝捨邪見。汝勿隨言解，許汝知少分。」〔註34〕告誡徒眾不要只從言語上理解，而要如實去體味生命的「寂滅之樂」「無生無死」。

（三）出生入死

上述「無生無死」，一方面是在理論見地上說明自性的境界裏本無生死；另一方面則在果境上指出，既在實踐中證悟自性，自然也就體貼到了「無生無死」。「出生入死」在根本含義上與「無生無死」並無不同，也是「生死一如」另一維度的體現，指能夠從容自如地於生死執礙、生死易變、生死輪轉中去來出入，不過卻多了一份逍遙圓融的禪者氣質。如《永覺和尚廣錄》卷

〔註33〕〔明〕天隱圓修：《天隱和尚語錄》卷十五，《嘉興藏》第25冊，第601頁。
〔註34〕〔唐〕惠能：《壇經》，《大正藏》第48冊，第356頁。

四云：

> 繇有妄識，乃起妄情，繇有妄情，乃造妄業。造天業則生天，造人業則生人，造鬼業則生鬼，乃至造地獄業則生地獄，無有不繇業而生者。生繇業生，造繇情造，情繇識起。諸人若能於一切境上，不生有無是非之見，則能於一切境上，不起愛憎取捨之情。斯人於聖凡位中收不得，又豈有生死之可言哉！〔註35〕

按照禪宗的一般理路，妄識妄情妄業即是生死，生死由妄而生，如果能於一切境上無「諸妄」，則既不會拘於聖位，也不會拘於「凡位」，出入其間而聖凡均不能收束自己，如此豈還有生死之名實。

另《景德傳燈錄》卷六云：

> 一切諸法本不自空，不自言色，亦不言是非垢淨，亦無心繫縛人。但人自虛妄計著，作若干種解，起若干種知見。若垢淨心盡，不住繫縛不住解脫，無一切有為無為，解平等心量，處於生死其心自在，畢竟不與虛幻塵勞蘊界生死諸入和合。逈然無寄一切不拘去留無礙，往來生死如門開相似。〔註36〕

其中說明，生命迷失於種種知見、種種妄執，但如果垢淨揀擇心解除，則進入了不住繫縛不住解脫、無一切有為無為、解平等心量，彼時，即使身處生死之害、地獄之境，其心同樣自在無礙、清淨光明。能夠不與虛幻塵勞蘊界生死諸入雜纏和合，無所執礙寄掛，所謂一切不拘、去留無礙，往來生死便如開門關門一般清晰、容易。這也使禪者不但能解決生死問題，還將其問題解決得圓滿無滯。

如前所說，禪宗從「自性」角度看待生命的過程。即生命現象只是本根力量的顯化，緣起則生，緣散則滅。但作為自性，卻是永遠生機無限的存在，醞釀著下一個個體的產生。故而，生命並沒有生或死。然而，雖從概念上可以說，生命的本體是「自性」，是「涅槃」，是超越生死的「般若解脫境界」，但這些名相下面的實質到底是什麼？禪宗建構了一套龐大的生命論，確證了生命的終極本根為「自性空」。這也即本研究一再強調的「自性」視角，「生死一如」即在此層面實現。

〔註35〕〔明〕永覺元賢：《永覺和尚廣錄》卷四，道霈重編，《卍新續藏》第72冊，第408頁。

〔註36〕〔宋〕道原：《景德傳燈錄》卷六，《大正藏》第51冊，第249頁。

四、自知去處：死亡並非生命之終結

於人生而言，生死現象毫無疑問是存在的。禪宗之所以說本無生死，超越生死，是了知生命最終歸所，體證了生命最終去處的頂層視角。然而，生命現象終結（死亡）之後到底去了哪裏？禪宗自有一套理論說詞。《壇經》中記載，惠能臨滅度時，眾弟子在一旁哭泣，惠能就告訴弟子：

> 汝今悲泣，為憂阿誰？若憂吾不知去處，吾自知去處。吾若不知去處，終不預報於汝。汝等悲泣，蓋為不知吾去處。若知吾去處，即不合悲泣。法性本無生滅去來。〔註 37〕

此處「去處」，是禪宗對生命終極境界的另一種說法。「自知去處」是惠能稱自己已經確證不生不滅的佛性本根，不再囿於生死，所展現者乃是禪者確證自性之後自主生命的灑脫氣象。實則，「知去處」也就是禪宗意義上的涅槃境。

涅槃，在佛教中一般分為兩類，即無餘涅槃與有餘涅槃。有餘涅槃是指身體還存在，但精神已經超越、證悟自性的境界。無餘涅槃，則又是指自性呈現，而身體歸於寂滅的境界。從禪宗理論上來講，二者的確存在形式上的不同。然而，從禪者對生命的根本態度來說，兩者又沒有必然的區別。因為一旦徹見自性，生死去來並不成為一種絕對障礙。禪宗的涅槃，實則是充滿生機活力的生命境界，生命產生於自性，終歸於自性。不過，因為禪法的產生是為了解決人類生命的現實問題，故而兩種涅槃還是有必要因需分開講述。

也就是說，禪宗的「知去處」，是一種顯得更為靈動活潑的生命狀態。對於知去處，存在著活著證見「去處」，和滅度後歸於「去處」的區別。在禪宗的文化體系中，對自性的確證最終取消了生命的局限，禪宗花了大量工夫來描述這種「去處」。上述關於惠能的臨終咐囑，即屬於活著便證知去處，而滅度後也將「歸於去處」。這一類，禪宗史上有大量的禪師均能做到。茲不贅述。此處主要闡述活著便證取自性的「知去處」內容，以全面理解禪宗的生死觀。

關於這種境界，如《會稽雲門湛然澄禪師語錄》卷七云：

> 身猶萬象，性猶虛空，萬象去來生滅不停，皆為虛空之所容受。而虛空亙古亙今，凝然不變也。身之動靜生滅，莫不皆現自性之中。而自性能知去來動靜生滅，寧不如虛空亙古亙今不受生死者乎？若能一念不生，身心當下無有處所，何處見有生死來？所以貧道勸人常住無念，自然前後泯淨。即此無念，頓入大光明藏，總法界都是

〔註 37〕〔唐〕惠能：《壇經》，《大正藏》第 48 冊，第 360 頁。

個自己法性。從上佛祖都向此中安住，何必臨終求驗也。〔註 38〕

諸多死後的境界、去處，都是推演出來的，或是依據歷代教誡而明瞭的，但不一定能夠真實證見。湛然圓澄卻清晰地闡述了萬相生死易變、虛空永恆容受萬物，認為生死動靜均在其中起伏聚散而已，如果能一念不生，身心就不會有所執著，當然就不會有生死去來。故而，想要真正了知「去處」，真訣便在此「無念」中。一旦無念，便「頓入大光明藏，總法界都是個自己法性」。這就是「最終去處」，歷代諸佛祖師都在此中安住，無須再臨終求取驗證。

其實，關於「去處」，早在初期佛教就有相關描述，例如《摩訶般若波羅蜜經・勝出品》云：

是摩訶衍，不見來處，不見去處，不見住處。是摩訶衍，前際不可得、後際不可得、中際不可得，三世等是摩訶衍。〔註 39〕

此中所說，是典型的「有去處而不執著於去處」，乃至於過去、現在、未來三際不可得才能證見此「去處」（摩訶衍）。摩訶衍是指佛教最本質的真意，這種真境界是無相的，其實也就是「真實去處」。宋僧克勤《圓悟佛果禪師語錄》談到這一問題時，就是將此「去處」當作具有本體意義的終極境界，即「自性」的境界，屬於活著證見「去處」的種類。他說：

諸聖倒退千里，舉一步越不可說世界。向香水海那邊，猶有去處。拈一塵混一切無量無數十方上下，一切諸佛祖師七穿八穴，猶有餘地。且道此人向什麼處安居？向什麼處禁足？若知此人落處，始知本地風光，始見本來面目，便能攝順逆於一塵中。〔註 40〕

亦即，不論世界怎麼變化，還是有一種「去處」「餘地」「落處」。如果知此人的最終去處，自然就見到了本地風光，當然也就能圓融一切順逆於一念一塵。也就是說，既見自性去處，不論在什麼情況下，生命都已能夠統攝生死。

這種境界，「若是靈利底，才聞與麼說著，便知去處。若不知去處，向外邊學得千般巧妙，記持解會，口似傾河，終不究竟」。〔註 41〕上根者言下一聽，就知去處，而「不知去處」「不究竟者」，只會停留在言解玄思層面，對生命本根的清晰回歸，也就無法實現。

〔註 38〕〔明〕圓澄：《會稽雲門湛然澄禪師語錄》卷七，《卍新續藏》第 72 冊，第 819 頁。

〔註 39〕《摩訶般若波羅蜜經》卷六，鳩摩羅什譯，《大正藏》第 8 冊，第 265 頁。

〔註 40〕〔宋〕克勤：《圓悟佛果禪師語錄》，《大正藏》第 47 冊，第 752 頁。

〔註 41〕〔宋〕普濟：《五燈會元》，《卍續藏》第 80 冊，第 309 頁。

換言之，「不知去處」，就是沒有開悟。這還不是簡單的理論上知不知的問題。正如之前所說，明心並不等於見性，只可以說是破了「初關」，懂得去追求這種境界的存在。但是，關於這種境界的內涵究竟是些什麼，還是沒有真實的體證。對此，大慧宗杲說道：「問著路頭，十個有五雙不知去處。」〔註42〕這就是不知道「本來面目」的眾生相，也是人們生命苦厄的體現。在這個問題上，百丈懷海談得又更加具體些。他在《百丈廣錄》中說：

莫待耳聾眼暗，面皺頭白，老苦及身，悲愛纏綿，眼中流淚，心裏慞惶，一無所據，不知去處。到恁時節，整理手脚不得也。〔註43〕

百丈懷海主要是在勸說徒眾極早修行，否則到了老眼昏花，臨終愛恨恐懼襲來，對「去處」一無所知，當然就是無法處理好生死，更何談證得自性生命解脫境。既不知去處，修未解脫，由此而導致的，就是死亡之後或愚迷輪轉投胎、或下沉入三惡道。

禪宗在不同語境下對「禪」的表述會存在差異，甚或大相徑庭，例如有的禪師則會否定「去處來處」之說。清代超溟《萬法歸心錄》云：

當知身死非去。未死之先，本不偏於此，生身非來。未生之先，本亦徧於此，迷者不了，以謂在內而有出入。悟者明體本無彼此，豈有來去。〔註44〕

對於這種情況，要根據具體語境理解。惠能等禪者說明「自知去處」，乃是說明自己已經證得圓滿，安住自性，而不是執著出一種「去處」和「來處」的對立。超溟所言，則又是闡述去來不滯，實則是為瞭解說何為真正的「自性去處」，與惠能等人所說並不悖離。

這種「自知去處」，如果說還在個體生命存在的時候就已經證得自性，就等於解決了生死問題，在滅度的時候自然也就生死自由，步入涅槃。這正如佛教的因果律，有了善因，就有善果，就自然體現為善終、善逝。

第二節　禪宗對超越生死之法的建構與踐行

禪宗的核心價值體現了對生死的關切：不但揭示了生死的本質，描述了生

〔註42〕〔宋〕宗杲：《大慧普覺禪師語錄》，《大正藏》第47冊，第833頁。

〔註43〕〔唐〕懷海：《百丈懷海禪師廣錄》（《四家語錄》卷三），《卍續藏》第69冊，第8頁。

〔註44〕〔清〕超溟：《萬法歸心錄》卷中，《卍新續藏》第65冊，第410頁。

死超越的終極至境，還建構了一套生死超越的方法且極力實踐。

一、生死超越始於理想境界

禪宗對生死的超越始於理想解脫境界的建立。一般又會有多重表達形式，以下幾種為最常見者。

形式一，成就如來智慧功德。禪宗最為稱道的生死超越，實是佛陀涅槃前的教言。《長阿含經》卷二載：「世尊路由摩竭，次到竹園，往堂上坐，與諸比丘說戒、定、慧。修戒獲定，得大果報；修定獲智，得大果報；修智心淨，得等解脫，盡於三漏：欲漏、有漏、無明漏。已得解脫生、解脫智：生死已盡，梵行已立，所作已辦，不受後有。」〔註 45〕佛陀「生死已盡，梵行已立，所作已辦，不受後有」的解脫生、解脫智，已成為佛教諸家的生死價值觀圭臬，禪宗也如是。這是典型的如來智慧功德，證得這種智慧功德，生死的問題同時也就得到了超越。在佛教看來，如來功德實際上是眾生息滅煩惱後所證得的境界，但它不是單純的精神境界，而必須通過實際的證悟來達成。這種智慧德相，並不脫離生死本身，甚至可以說是建立在生死現象上的，通過切實修證，超脫生死，即顯現圓滿智慧德相。

形式二，徹證自性般若智慧。即證得自性般若，便是生死之超越。唐圭峰宗密《禪源諸詮集都序》卷上云：「今且先敘禪宗，初息妄修心宗者，說眾生雖本有佛性，而無始無明覆之不見故，輪迴生死。諸佛已斷妄想故，見性了了，出離生死神通自在。」〔註 46〕宗密的意思是，眾生因無始無明覆蓋佛性而輪轉生死，息妄修心，斷諸妄想，見性了了，便能出離生死，神通自在。這是典型的證得自性般若而超越生死。

形式三，生死自由。證得自性般若的重要表現之一是生死自由。禪宗對生死自由的論述甚多。如漢月法藏說：「子已悟得一句，便知根本智矣。若其中差別難明，迫欲契證，無有是處。日久溫研證入無心三昧，自然入佛入魔，生死自由也。」〔註 47〕道原《景德傳燈錄》評唐漢東山光寺正壽云：「先人有奪人之心。壽公先其憾矣。夫直往者必能徑來也，業累弗羈，樊籠弗罩，脫羈開罩，生死自由。既然自由，已躋果位矣。」〔註 48〕其中，禪宗三祖僧璨

〔註 45〕《佛說長阿含經》第二，《大正藏》第 1 冊，第 12 頁。

〔註 46〕〔唐〕宗密：《禪源諸詮集都序》卷上，《大正藏》第 48 冊，第 402 頁。

〔註 47〕〔清〕彭際清：《居士傳》，《卍新續藏》第 88 冊，第 280 頁。

〔註 48〕〔宋〕贊寧：《宋高僧傳》卷二十三，《大正藏》第 50 冊，第 855 頁。

之死非常具有代表性：「璨大師遂共諸禪師往羅浮山隱三年，後至大會齋，出告眾人曰：「吾今欲食。」諸弟子奉。大師食畢，告眾人歎言：「坐為寄，唯吾生死自由。」一手攀會中樹枝，掩然立化。」〔註 49〕僧粲認為坐相還是有寄掛，不足以體現生死自由，於是攀會中樹枝，掩然立化。

形式四，往生自性西方淨土。禪宗同樣也有以往生西方作為生死超越者。原因一是禪宗所修有追求自心淨土者，二是禪淨合流後有追求往生西方淨土者。淨土分為很多種類，有清淨國土、莊嚴剎土，即諸佛菩薩願力所造者。在禪宗視野中可以這樣理解，淨土是佛菩薩的殊勝顯現，是為成就眾生而造作，又有唯心淨土、常寂光淨土等。如《普賢行願品》特別強調發願往生西方阿彌陀佛淨土。其中第十願「普皆迴向」云：「又復是人臨命終時，最後剎那，一切諸根悉皆散壞，一切親屬悉皆捨離，一切威勢悉皆退失。輔相大臣，宮城內外，象馬車乘，珍寶伏藏，如是一切無復相隨。唯此願王，不相捨離，於一切時，引導其前。一剎那中，即得往生極樂世界。到已，即見阿彌陀佛，文殊師利菩薩，普賢菩薩，觀自在菩薩，彌勒菩薩等。此諸菩薩，色相端嚴，功德具足，所共圍繞。其人自見生蓮華中，蒙佛授記。」〔註 50〕引文說道，生死大限到來之際，一切輔相大臣、宮城內外、象馬車乘、珍寶伏藏、如是一切無復相隨，盡是虛幻，只有十大願王能夠對生死有所裨益，唯此願王，不相捨離，於一切時，引導其前。並且，最終可於一剎那中往生極樂世界。到西方世界以後，可以見到阿彌陀佛、諸佛菩薩等。之上所述，即以阿彌陀佛淨土為主。又說：「於煩惱大苦海中，拔濟眾生，令其出離，皆得往生阿彌陀佛極樂世界。」〔註 51〕此處更愈明確指出，成就大願之後，可普渡眾生，令眾生出離苦海，最終都往生阿彌陀佛淨土。在十大願之後的偈子中，也有超越生死最終歸於阿彌陀淨土的言說：「願我臨欲命終時，盡除一切諸障礙，面見彼佛阿彌陀，即得往生安樂剎。」〔註 52〕這是普賢重宣願文義諦，普賢已經是菩薩果，但他的願文還強調生死盡時願往西方淨土見阿彌陀佛，得住於安樂剎土。可見阿彌陀佛淨土不但對於眾生，即使是對於菩薩也有著重要的歸宿意義。還有：「我此普賢殊勝行，無邊勝福皆迴向，普願沉溺諸眾生，速往無

〔註 49〕〔唐〕佚名：《歷代法寶記》，《大正藏》第 51 冊，第 181 頁。
〔註 50〕《華嚴經》（四十卷本），般若譯，《大正藏》第 10 冊，第 845 頁。
〔註 51〕《華嚴經》（四十卷本），般若譯，《大正藏》第 10 冊，第 846 頁。
〔註 52〕《華嚴經》（四十卷本），般若譯，《大正藏》第 10 冊，第 846 頁。

量光佛刹。」〔註 53〕普賢願文的迴向是針對眾生而說的，在普賢證得無量無邊成就時，迴向眾生，發願讓沉溺苦海的眾生皆得脫離，速往無量光佛刹，即阿彌陀淨土。如此，《普賢行願品》不但從佛教的大背景下提出了生命的理想境界「如來功德」，還將如來功德具體化為一種淨土顯現，以令眾生修持有所歸依。《普賢行願品》同樣也是禪宗自性淨土思想的重要典籍來源，其中可見禪宗往生自性淨土理念之一斑。

從上述視之，禪宗繼承佛教的基本觀念，闡述了多種生死超越的理想境界，有此理想之境，便有超越之目的地，故說始於理想境界之建立。詳細考究，顯然幾種形態是有差異的，證得如來智慧功德，是佛境意義上的終極解脫；徹證自性般若，是禪境意義上的神通自在；獲得生死自由，則是強調脫出輪回，不受業力收束；往生自性淨土，則是佛境造化向度的自度度他。然在禪宗視野中，幾種境界的歸趣又是同一的，都是為生命建立了生死超越的理想境界，這些理想境界的通達均須以自性解脫為前提。

二、生死超越基於真參實修

禪宗雖然動輒說當下頓斷、本無生死，但於諸眾生而言，想要達到生死超越則必須如法真參實修。所謂真參實修，其實包含兩個層面的含義。

第一層面，努力精進，如法修學。這一層是通向超越生死的有效路徑，是歷代禪者總結出來的實踐方法。清代真益願《勸修淨土切要》云：

> 莫若早晚念佛，迴向西方，盡不妨禪定，又不礙往生。千穩萬當，豈不是好。誦經呪人，正好念佛，但要誠心持誦，不得視為故事。念佛誦經，均須迴向西方，定得往生。參禪人，正好念佛。參禪大悟，覷破死生，已識得自性彌陀。然行解相應，名之曰祖。故二祖尚須我自調心，六祖尚說悟時自度。正宜綿密薰修，斷不可自負狂見，譭謗淨土。莫說生死到來，不能作主，即能生死自由。〔註 54〕

不論是如來智慧功德、往生淨土、證取自性，禪宗都將其歸為自性工夫之成就，否則不可能真正超越生死。雲棲袾宏《禪關策進》錄《古拙禪師示眾》云：

> 諸大德何不起大精進，對三寶前深發重願：若生死不明，祖關

〔註 53〕《華嚴經》(四十卷本)，般若譯，《大正藏》第 10 冊，第 846 頁。

〔註 54〕〔清〕真益願：《勸修淨土切要》，《卍新續藏》第 62 冊，第 413 頁。

不透，誓不下山。向長連床上七尺單前，高掛缽囊，壁立千仞，盡此一生，做教徹去。若辦此心，決不相賺。如其發心不真，志不猛勵，這邊經冬，那邊過夏，今日進前，明日退後。久久摸索不著，便道般若無靈驗。卻向外邊，記一肚，抄一部，如臭糟瓶相似，聞者未免噁心嘔吐。直做到彌勒下生，有何干涉！苦哉！〔註55〕

真參實修的核心是真信、真行、真果。禪宗修學體系中，信願行實為一體，無正信真心，則願必不真，行必不果。況且，信者是信真如，願者是真如，行者也是在行真如，一而具三，三而為一。對於受眾而言，如要具有此種功德，必須參透生死的根源，真信，實行。實際上，從禪宗修持方法上解讀，每一理、每一法、每一環節都是切切實實的修持方便，也是解脫生死的重要法門。禪法更多是本心層面的教言，必須真信才可能真正得到如來智慧，也才可能真正去行。

第二層面，立於自性果境，自性修用。自性果境層面的修行，才是真正的真參實修。唯有這一層次，生死才是緣起緣滅，才能夠不障礙本性生命之清靜自在，才能夠超越。在闡述禪宗思想時，尤其需要注意的是，禪雖說有次第，但又與注意修持並不等同，而是由次第證果，由果境攝次第；禪法須是在空性、自性層面修用。修用本身即自性如來智慧之顯用、在運作。

《無異禪師廣錄》卷二十八云：

光境俱忘，復是何物？者裏到得便知。云：似地擎山，不知山之孤峻；如石含玉，不知玉之無瑕。學道入得此個境界，自然生死心破，智不能知，識不能識。如來禪、祖師禪，一併打徹矣。教中所謂絕心生死，伐心稠林；浣心垢濁，解心執著；塵勞佛事，皆為遊戲；出世入世云乎哉。大抵貴在一念生死心破，自肯承當。而一切處自然法身獨露，如青天白日，一毫遮障不得。若有絲毫疑情未盡，即障道眼。〔註56〕

作為修證方法層面的禪，自覺遵循佛教思想中生命深層存在的依據（空性）為標杆。從修持邏輯、次第上來講，信、願為導引，行為技術保障，證如來智為果。禪宗認為，生死現象因心而起，而「如來智」是看清整個生死

〔註55〕〔明〕袾宏：《禪關策進》，《大正藏》第48冊，第1103頁。

〔註56〕〔明〕無異元來：《無異禪師廣錄》卷二十八，《卍新續藏》第72冊，第350頁。

流程的終極依據：如來智慧功德即是修行顯現之果。此理可謂用意頗深。不信願行，佛種不發芽，然既信願行，又必須深入到自性層。此即所謂修行即是顯如來智慧。這也是禪能夠證心、見性、顯性的核心原因。

禪修和證果之間最秘要的並不是因果關係，而是同體關係。因果關係是邏輯層面的，意味著所修與如來智慧不在同一層面，是「以心求心」；而同體關係則是說明一旦修禪就與自性契合。從禪宗的諸多經論詮釋來看，真心一動，本心智慧便即時顯現，故而禪修本身就處在自性境界中，是屬於自性層的禪修。據此釋之，許多修行者熱衷於發心、修持，但最終並沒有證得自性智慧功德的原因也就清晰了：一般而言，這類人是以想要殊勝果境或求諸佛祖師賜予的「思維力」在修禪，本質上是妄念、欲念，充其量只是動了念頭，並沒有感通菩提心層；另有一種情況是由於既往業力強勁，雖然一瞬間發了菩提真心，感通了自性智慧功德，體悟了自在本心之清淨，但是很快又被業力拉回，難以持續，故而也未持續性顯現自性境界。

也就是說，修持除了是導引、是成佛之因以外，更主要的含義是：修持，是在自性菩提中修，修持即菩提智慧，而不是進行了修持，繼而就會出現自性菩提。「修行」二字所體現的意蘊比「修」要更加細微精妙，——修行，既是次第修學，也是自性大智慧如來功德在「行」。故而在禪宗的密語密意層，修行本身並不是通過這個「修」來引出所要達到的境界，而是「修」本身就是「行」，就是身處自性境，就是真解脫本身。只有自性本身，佛地本身，才具有「自性」所談及的種種果境。惟其如此，才稱「修行」。也唯有此道，才屬於不生不滅，才能夠真正超越現象層面的生死。

三、生死超越終於自性成就

禪宗將解決生死問題當作生命存在的一大要務，說得通俗點，修習禪法就是為了生得安心，死得智慧。一般來說，禪宗處理生死問題大概有三種層次：首先，獲得身心效驗，減少身心疾病，從而延長壽命，推遲死亡的來臨，或是學習以具備臨終時處理死亡的方法、能力。其次，是從道理上明白生死屬於現象界的因緣聚散，輪迴流轉，而佛性本心不生不滅，以從觀念上看破它，看淡它，減少生死恐懼。再次，是獲證如來功德，從而真實體驗到生命的生起散滅並不影響本性涅槃的清淨和永恆不變，真實體知自己的根本生命不會隨生死而有變化。禪法最終通達的是第三層，它不是強調去和生死作對抗，而是將目標立於最高的自度度他、證取自性智慧：「得到真實的受用後，又把自己學法、參悟、實踐、受用的這一切，借用語言文字，方便善巧，毫無保留地講授給與自己有緣的眾生。前者是將法印轉化為心印，屬自悟自度；後者是將心印轉化為法印，屬悟他度他。由是法心二印，交相運用，便是大乘自度度他、度他自度的真實菩薩，也是學修一體、教證不二、理論與實踐高度統一的『善取空』者。真能如是而行，生死自然超脫。」〔註 57〕一旦證取自性智慧，生死問題自然解決。

在此意義上，禪法是真正關於生死終極問題的學問。事實上，一般意義上的解決生死並不需要到達最高的佛地。普通的修行者，通過對死亡知識的學習和對佛法的修持，一定程度上也能在生死面前從容不迫。而到達聲聞緣覺果之後，則更是可以了知生命的入胎、生成、死亡、輪轉、超脫等過程，能做到自己生命的主宰。但是在禪宗體系之內，做到了生死解脫、自了自度顯然還不夠究竟，這只被視為小乘果，還需度他，覺行圓滿，成就最終極之如來智慧功德。故而，解脫生死雖說是禪宗的目的之一，但也僅僅是證取自性智慧過程中順便完成的事而已，其最終目標是解脫成佛，完成生命的最終昇華。

第三節　禪宗的生活審美化及死亡藝術化

禪宗的生活審美化及死亡藝術化有其特殊的文化語境：立足於禪宗對生命的理解、態度以及對自性的確證。從禪宗視野看，生命是「那高於一切理性的心境和平，那古井無波的情緒，那深深的寧靜、不可動搖的自得和怡悅」〔註 58〕。是以，在生死之間，禪者才會表現得如此鎮靜與自得。「由於審美活動畢竟限於一時一地，人從中領略的那一種超塵脫俗的美也只能是一種相對的美；唯有涅槃這一從根本上洞燭生死的至境，是為大美，一種絕對的美。」〔註 59〕從禪宗的史料、義理、經典來看，個體生命如果確證了自性的存在，生命就自動進入一種本根狀態。這種圓滿的生命狀態，自然會顯現為「大美」的生命形式。對於禪者，常常表現出生活的審美化，以及死亡時的藝術化。

〔註 57〕唐思鵬：《佛教的生死觀》，《國學論衡》2007 年第 4 輯，233～234 頁。

〔註 58〕〔德〕叔本華：《作為意志和表象的世界》，石沖白譯，商務印書館，1982 年，第 563 頁。

〔註 59〕陸揚：《死亡美學》，北京大學出版社，2007 年，第 200 頁。

一、禪宗的生活審美化

從禪宗崇尚自然適意、智慧昇華的審美價值來說，禪者的生活，就是一種自然、深入的審美觀照。

禪究其本質而言，是看入自己生命本性的藝術，他指出從枷鎖到自由的道路……我們可以說，禪把儲藏於我們之內的所有精力作了適當而自然的解放。〔註60〕

對於禪者生活的審美化，因為禪者中實質上存在文人士大夫和禪僧的區別。兩者的表現還是有一定的差異。「禪宗在士大夫那裏留下的，主要還是追求自我精神解脫為核心的適意人生哲學與自然淡泊、清淨高雅的生活情趣。」〔註61〕而僧人追求的，則更多又是出世價值。當然，這種審美化，其實還存在不同層次的差異。有的，是追求一種趣味享受，而更深一層次的，是自性的自然顯現。「他們崇尚清淨的本心，信仰這顆本心的自然流露。」〔註62〕在這裡，因為重點在於剖析禪宗思想的體現，故而對文人士大夫以及僧人並不做嚴格意義上的區分。

在禪宗史上，曾有一些很重要的居士，他們是生活審美化的代表。例如柳宗元、蘇軾、王維等，日常生活中都伴隨著禪機禪悅。而唐代的另一居士龐蘊，則又是將禪境貫徹到生活的一位典型代表。據《龐居士語錄》中載：

居士到藥山禪師。山問曰：「一乘中還著得這個事麼？」士曰：「某甲祇管日求升合，不知還著得麼？」山曰：「道居士不見石頭，得麼？」士曰：「拈一放一，未為好手。」山曰：「老僧住持事繁。」士珍重便出。山曰：「拈一放一的是好手。」士曰：「好個一乘問宗，今日失卻也。」山曰：「是，是。」居士因辭藥山。山命十禪客相送。至門首，士乃指空中雪曰：「好雪，片片不落別處。」有全禪客曰：「落在甚處。」士遂與一掌。全曰：「也不得草草。」士曰：「恁麼稱禪客，閻羅老子未放你在？」全曰：「居士作麼生？」士又掌曰：「眼見如盲，口說如瘂。」〔註63〕

龐蘊和藥山的對答，從「一乘」來探討，主旨是「執著」與「不執著」。

〔註60〕〔日〕鈴木大拙，〔德〕弗洛姆：《禪與心理分析》，中國民間文藝出版社，1986年，第175～176頁。

〔註61〕葛兆光：《禪宗與中國文化》，上海人民出版社，1991年，第121頁。

〔註62〕葛兆光：《禪宗與中國文化》，上海人民出版社，1991年，第123頁。

〔註63〕〔唐〕龐蘊：《龐居士語錄》，《卍續藏》第69冊，第131頁中。

後來藥山告訴龐蘊他很忙，於是龐蘊就告辭了。藥山說龐蘊「拈一放一」，還是有執著。龐蘊說，原來是「一乘禪」，現在是連「一乘」都失去了。這樣的化，就引得了藥山的贊同，兩人之間，在「失卻」處取得了溝通，用禪宗的話來說，就是在無執著處取得了相通。於是，藥山派十位僧人相送。在路上，龐蘊指著空中飄落的雪花說：「好雪，片片不落別處。」有一僧人就覺得很奇怪，不落別處，那麼落在哪裏？龐蘊就轉身打了他一掌，訓誡他：你這也能稱作禪客麼，閻王爺是不會放過你的。言下之意，是指僧人還沒有確證自性，不能主宰生命的自由。

這個對答過程，本身就是一個藝術化過程，是禪者當下的心意相通。但是，這則語錄最出彩之處，還在於龐蘊指著雪花說，片片不落別處。既然不落別處，那又落到了哪裏？這是所有人的問題。其實龐蘊已經告訴所有人，是自性自己運作，雪花就是自性，就是落於自性。對於禪者來說，自性之美才是最美。故而其實，這則公案是龐蘊日常生活的審美化處理。當然，這種生活並非刻意為之，而是確證自性後的隨意顯現。

同樣，對於僧人，他們的生活方式更顯得難言奇妙。例如《列祖提綱錄》中講到的李翱與藥山惟嚴的事蹟。

> 昔日朗州刺史李翱慕藥山和尚道風，屢請不赴。乃肅裝客禮直造座前，山默然殊不顧視。李乃云：「見面不如聞名。」拂袖便行。山召李翱，李回首。山云：「何得貴耳賤目？」李遂禮，拜起問云：「如何是道？」山以手指天復指淨瓶云：「會麼？」李云：「不會。」山云：「雲在青霄水在瓶。」李因有省乃呈偈云：「煉得身形似鶴形，千株松下兩函經。我來問道無餘說，雲在青霄水在瓶。」〔註 64〕

這則公案的主旨在於表現惟儼禪師的高深道行，他經常在松木幽徑下坐禪，是說禪師能夠享受這種美好的生命境界。但實際上，兩個人的對答，本身也是禪者生命審美化存在的一種例證。

又如僧人船子和尚，《禪林類聚》中記載：

> 有一官人問：「如何是和尚日用事？」師豎起橈子云：「會麼？」云：「不會。」師云：「棹撥清波，金鱗罕遇。」因示偈云：「三十年來坐釣臺，鉤頭往往得黃能。金鱗不遇空勞力，收取絲綸歸去來。

〔註 64〕〔清〕行悅：《列祖提綱錄》，《卍續藏》第 64 冊，第 148 頁。

三十年來海上游，水清魚現不吞鈎。釣竿斫盡重栽竹，不計功程得便休。千尺絲綸直下垂，一波才動萬波隨。夜靜水寒魚不食，滿船空載月明歸。」〔註65〕

這種境界，「感情總是平靜恬淡的，節奏總是閒適舒緩，色彩總是淡淡的，意象的選擇總是大自然中最能表現清曠閒適的那一部分。」〔註66〕當然，這些還不夠，船子德城的這種審美化生活方式，最驚人的，還是他生命的無憂無懼，安住於水面上的小漁船中。

再如馬祖道一及其弟子洪州泐潭惟建禪師的「吹耳付茶」：

一日在法堂後坐禪，馬祖見，乃吹師耳。兩吹，師起。見是祖，卻復入定。祖歸方丈，令侍者持一碗茶與師。師不顧，便自歸堂。〔註67〕

這是馬祖道一及泐潭惟建在修禪生活中的交流，馬祖儼然頑童，惟建也不再迷信師道權威。其中不再是嚴格意義上的師徒授受，而是禪意層面的生活美學，少了師徒之間的身份認同，多了心性圓融層面的藝術化超越。

又如《法璽印禪師語錄》所載，吃茶閒情中，將禪意深深融入，多了對禪修、生活的美學觀照：

師一日同御六張居士茶坐，舉夢晤余翁，士云：「和尚即今是醒是夢？」

師舉茶甌云：「者是夢不是夢？」

士云：「不會。」

師云：「不唯居士，三世諸佛也如是。」

師一晚又與張居士同遊鳳棲嶺，師指云：「象王峰頂好一輪月。」

士云：「好一輪月。」

師指殿云：「喚作余翁得麼？」

士云：「得。」

師云：「喚作山僧得麼？」

士云：「得，得。」

師云：「既得，無外也。」〔註68〕

〔註65〕〔元〕善俊等：《禪林類聚》，《卍續藏》第67冊，第94頁。

〔註66〕葛兆光：《禪宗與中國文化》，上海人民出版社，1991年，第123頁。

〔註67〕〔宋〕普濟：《五燈會元》卷三，《卍續藏》第80冊，第80頁。

〔註68〕〔清〕性圓、旋璣等編：《法璽印禪師語錄》卷七，《嘉興藏》第28冊，第802頁。

這是一幅絕美生活畫圖：禪僧、吃茶、象王峰頂、一輪明月。而將這一且融為一體的，是禪者彼此間溝通、流動的禪心。

禪修、生活、美學、藝術，不分，也不應分，在禪的眼界裏，禪意的生活多了一種美學的生命流動力量，以及平凡樸實的真純情結，這應當才是禪的本來面目，以及人們禪意棲居的生活方式、生命安頓方式。

二、禪宗的死亡藝術化

在禪宗看來，死亡並不是生命的終結，而恰好是回歸生命的「來處」。「涅槃作為生存意志更為寬泛意義上的否定，意味著歷盡人生艱辛後的一種大徹大悟，棄世絕欲之後僕使沒有價值的個體，復歸於宇宙的絕對意志。」〔註69〕

這個過程對於禪者來說是明朗清晰而透徹的，是更深意義上的重生。所以對於死亡，禪者造出了各式各樣的方式，讓人感覺不到死亡的氣息，反而覺得是一種藝術行為。

這一過程，我們重點不在討論人死之後的歸所問題。如果單純從禪宗思想上來說，這是建立在「因果業力」以及「六道輪迴」的理論基礎上的。按照這種分析，有的人死後重新輪迴各道，而有的人則超越了三界。例如，《付法藏因緣傳》卷二所記阿難入滅即頗有藝術化：

> 阿難乘船在河中流，王即直進稽首白言：「三界明燈已棄我去，今相憑仰願勿涅槃。」阿難默然而不許可，於時大地六種震動。時雪山中有五百仙人，見斯相已，咸作是念：「以何因緣有此異相？」觀見阿難將欲滅度，即便飛空往詣其所，稽首作禮求哀出家。即化恒河變成金地，為諸仙人如應說法。鬚髮自落，成阿羅漢。咸悉俱時，入般涅槃。阿難念曰：「佛記罽賓當有比丘名摩田提，於彼國土流佈法眼。」即便以法付摩田提，踴身虛空作十八變，入風奮迅三昧，分身為四分。一分向忉利天與釋提桓因，一分與大海娑伽龍王，一分與彼毘捨離子，一分授與阿闍世王。如是四處各起寶塔，燒香散華供養舍利。〔註70〕

這是阿難入滅時的藝術化描述。阿難曾與阿闍世王約定，入滅時將會告

〔註69〕陸揚：《死亡美學》，北京大學出版社，2007年，第200頁。

〔註70〕《付法藏因緣傳》卷二，元魏西域三藏吉迦夜共曇曜譯，《大正藏》第50冊，第302頁。

知，但阿難前往告知時恰逢阿闍世午睡，未能相見。後阿難乘船到恒河，準備入滅前事宜。阿闍世聞訊趕來挽留阿難住世，阿難不允，大地六種已起相應震動。當時雪山中五百修行仙人觀知是阿難將欲入滅，便飛行而來哀求歸依出家。阿難施展神通使恒河化為金色，為五百仙人說法，五百仙人鬚髮自落，頃刻成就阿羅漢果。完畢後，阿難將心法衣缽傳付摩田提，升騰虛空為十八變化，造作風奮迅三昧分解身體為四份與他人供養，自此歸於涅槃。從禪宗視野看，阿難入滅已將死亡演繹成了藝術化。

從死亡的藝術化角度來說，它的最高藝術內在精神其實源於自性的確證。對於禪宗而言，如果沒有見性，就不可能真正通達終極自由的生命境界。當然，表現出來就不會是最透徹、灑脫的禪者滅度。據《佛祖歷代通載》中記載，龐蘊的死亡也顯得極為藝術化。

> 時居襄陽，靈照常隨製竹漉籬售之以供朝夕。居士將終，命靈照視日，及中即報。靈照遽報曰：「日中矣，而有蝕也。」居士出觀日次，靈照即登父座合掌端坐而逝。居士笑曰：「我女鋒捷矣。」於是居士更延七日。襄州牧於公枉駕候問，居士談笑良久。居士顧謂公曰：「但願空諸所有，慎勿實諸所無，好住世間猶如影響。」言訖枕公膝而逝。〔註71〕

龐居士在襄陽時，與女兒靈照編竹筐度日。等到預備入滅之時，居士讓靈照去看看是否到了正午，他打算在正午時刻離世。靈照出去看看，回來告訴父親，剛好正午，碰巧還有日食。龐居士動了想看日食的念頭，就走了出去。等到回來時，發現女兒靈照已經在自己的座位上合掌往生了。居士啞然失笑，認為女兒比自己高明。於是變更計劃，延遲七天再入滅。七天後，襄州牧來看望他，在談笑之間，龐居士枕著襄州牧的膝頭而逝。

從這則公案看，當時對見性滅度的藝術化追求是一種風潮。女兒靈照年青，卻已經具有了生死自由的能力。而龐蘊居士也可以隨意延長自己的生命，最後於談笑間枕在友人的膝頭上去世。

當然，禪宗並不主張執著於任何一種固定形式，如果還要執著於「死相」，就證明他本人沒有徹底證悟。但是，禪宗同時又是開放的，如果證悟本心，選擇怎樣的死法也就不成為障礙。禪宗三祖僧璨也選擇了一種藝術化的死亡方式。《嘉泰普燈錄》載：

〔註71〕〔元〕念常：《佛祖歷代通載》，《大正藏》第49冊，第617頁。

> 大業二年十月十五日，受士民檀供已，復為四眾廣宣心要，於法會大樹下合掌屹立而終。〔註72〕

僧粲的死亡例證在此前論及「生死自由」時已提到過。但由於其處理死亡的方式極有代表性、藝術性，此處再引其餘文獻所錄加以闡述。僧璨在接受信眾供養後，又為眾人宣講參悟心法，而後在大樹下「合掌屹立而終」。他說：「餘人皆貴坐終，歎為奇異，余今立化，生死自由。」以「立化」之姿勢來證明禪的生死自由，「言訖遂以手攀樹枝，奄然氣盡。」〔註73〕

又如洞山良價，連滅度之前都還在置辦「愚癡齋」，藉以說法。《宋高僧傳》卷第十二載：

> 價以咸通十年己丑三月朔旦，命剃髮披衣令鳴鐘奄然而往。時弟子輩悲號，價忽開目而起曰：「夫出家之人心不依物，是真修行。勞生息死於悲何有？淪喪於情太麁著乎？召主事僧令營齋，齋畢吾其逝矣。」然眾心戀慕從延其日，至於七辰餐具方備。價亦隨齋，謂眾曰：「此齋名愚癡也，蓋責其無般若歟及僧唱隨意曰。僧家勿事，太率臨行之際喧動如斯。」至八日浴訖端坐而絕。〔註74〕

洞山良價讓寺僧鳴鐘，自己「奄然而往」，但是因眾弟子嚎啕大哭，他又「回生」，說：出家人為滅度而哀傷，就淪落如凡情了，去叫事僧來，辦一餐齋菜，吃完我再走。僧人們因為捨不得良價離開，就一拖再拖，一頓飯盡然置辦了七天才完成。吃完後，良價說：這頓飯叫做「愚癡齋」，要眾弟子明白，不要「太率臨行之際喧動如斯」。第八天，良價端坐而逝。

另還有洪州禪鄧隱峰「倒立而化」的趣事，《隆興佛教編年通論》卷二十二云：

> （隱峰）參馬祖，言下契旨。一日推車次，祖展脚在路上。師曰：「請收足。」祖曰：「已展不收。」師曰：「已進不退。」遂推車碾過。祖脚損，歸法堂執斧子曰：「適來碾損老僧脚底出來。」師便出於祖前，引頸就之。祖乃置斧。其後遍歷諸方，所至輒有奇詭。久之以神異頗顯恐成惑眾，乃入台山金剛窟前。將示寂，問於眾曰：「諸方遷化，坐去臥去，吾皆見之。還有立化者否？」眾曰：「有之。」

〔註72〕〔宋〕正受：《嘉泰普燈錄》，《卍續藏》第79冊，第289頁。
〔註73〕〔唐〕淨覺：《楞伽師資記》，《大正藏》第85冊，第1286頁。
〔註74〕〔宋〕贊寧：《宋高僧傳》，《大正藏》第50冊，第780頁。

> 師曰:「還有倒化者否。」眾曰:「未嘗有也。」師乃倒殖而化,亭亭然其衣亦皆順體。眾為舁尸荼毗,屹然不動,遠近瞻禮歎異。師有妹為尼,時亦在彼,乃附近而咄之曰:「老兄平日惱亂諸方,不循法律,死更熒惑於人。」乃以手推之,僨然而踣。於是闍維收舍利,塔於五臺云。〔註75〕

鄧隱峰同樣是馬祖道一的高足,喜好在生活修行中與馬祖嬉戲互動,修有所成,遍歷諸方,善於玩弄神通。後擔心神通詭異惑眾,便決定在五臺山金剛窟前入滅。但入滅之前,還是忍不住想顯示一番神通。問眾人有立化、坐化、臥化後,標新立異,倒立而化,而且身上衣物也未曾下滑。眾人欲收拾火化,卻未能撼動半分。之後此事聲名遠播,遠近諸人前往瞻禮。鄧隱峰之妹也為出家修行者,剛好在附近,便前往「咄」其兄屍身,說其兄長生前以神異惑亂諸人,死後還不安分,更要造出神異死相讓眾生驚異讚歎。言畢手推其兄,屍身應手而倒。從禪宗入滅解脫的視角看,鄧隱峰顯然並不究竟,但從處理死亡、安頓生命的角度看,鄧隱峰已經到了生死自由,並能將死亡藝術化的境界。

人身種種磨難裹挾,何曾不苦!修學禪法,用之於生命生活,實為一種自救。具有禪的視野以及自性智慧,審視日常生活時會更加立體多維、深入深刻,於是便能發現更多的生命突破點,在世人最不經意間,社會最不關注處,發生禪性層面的生活審美觀照,如此便可自如地設計、統籌、演繹生活。至於生命過程中最為無奈之死亡,常常伴隨著死亡的無尊嚴,死亡的恐懼,死亡給親友帶來的苦痛。但是,禪宗卻在這一「死地」中開拓出了另一片天地,或平淡入滅、善逝、往生,歸於自性虛空,又或將之設計得充滿藝術化,讓人感覺不到死亡的沉重氣息,而且還能妥善解決身後之事,在健康情形下圓滿安然地死亡。如果以當前世俗眼光視之,人死是生命的終結,於世情倫理,自然應該悲啼痛苦不捨,而因此帶來的痛苦呢?能化解嗎?禪宗作為另一視域的文化系統,其終極目的為證見自性,安頓生命,生活的審美化與死亡的藝術化只是其「般若智慧」的附帶功能,但就是這種對待生活、處理生命的方式,卻非常獨特而且智慧,足以為現代社會人生帶來不可估量的生命質量提升空間。當然,生活審美化、死亡藝術化是一種能力,是一種結果,其達成必須建立在修道、證性、圓融的前提下。

〔註75〕〔宋〕祖琇:《隆興佛教編年通論》卷二十二,《卍新續藏》第75冊,第216頁。

第四節　安生善逝：禪宗生死智慧在生死關懷中的介入

嚴格意義上講，從生死關懷的視角看待禪宗並不能概括其全部內涵精髓，只不過其中所涉境界、方法等可以針對性地解決生死帶來的種種問題。綜觀佛教的有些宗派，甚至直接就有說佛教是用來解決生死問題的，而且佛經中也有很多關於生死的論述，如「生死事大」「極樂則九品分張，萬流齊赴，一得往生，橫截生死」〔註 76〕等。原因在於，生死的真相與生死的解脫是獲得生命最終真相的重要層次，同時也是解脫層級的重要指標。生死關懷是人類文化的重要形態和價值觀，與禪宗思想會有交叉，它並不是禪宗，但對於生死的關懷目的，卻與禪宗如出一轍。當然，從對生死的認知和詮釋上來說，禪宗要深廣得多。故而，研究禪宗的生死智慧，可以給現代生死關懷提供很多不同視角的啟示。

一、提供認知生死的多維視野

當前對生死認知最為系統的，當屬「生死學」。一般意義上的「生死學」乃或現代科學，將生命的領域規定在「感官——意識界」，故而某種意義上講，現代生死學缺乏形而上之道的確立。在這樣的學術範疇下，立於「感官——意識」層談超越，充其量就如前文所說一樣只能從身心、觀念的層面看淡生死。然而，禪宗卻是從更多維的生命學層面看待生死，如此則可將生死超越的視野擴寬到更為深廣的層面。如清代弘贊《六道集》對三界六道生死輪轉的認知：

> 三界六道，莫非生滅。人間天上，誠為苦本。是故智人啟悟，妙契無生，頓超三有，踐履十地。息生死之源，處無為之邦，迥脫輪迴，長辭苦趣。此集之由作也。冀諸智者，知三界之無恒，識六趣之非久。標誌上乘，希求出世。遠劫火之燒然，免淪墜之沉溺。達今生所受之果，仍酬往昔之因。果復造因，因移果熟。輪轉六道，往還三界，所謂欲、色、無色界也。下極金剛際，上至他化天，中間六趣雜居，一切有情，未離貪欲，故名欲界。自梵眾天，上至色究竟天。此一十八天，雖離欲染，尚有色質。正報身相，如白銀色。依報宮殿，真金赤色。身光互照，故名色界。自空處天，至非非想

〔註 76〕〔清〕彭際清：《華嚴念佛三昧論》，《卍新續藏》第 58 冊，第 716 頁。

> 天，人同碧落，界若虛空，四蘊成身，無色蘊故，故名無色界。如斯三界，亦名三有，以其因屬有漏，果係有為，有生有死故也。言六道者，亦名六趣。趣者名到，謂彼所作善惡業因，道能運到其所趣處，故名為趣。又趣者是歸向義，謂所造之業，歸向人天修羅鬼畜地獄之處。此之界趣，既由識心結成情器世間。若達心源，情器俱殞。悟本真常，生死斯絕。生死真常，元無二路，祇在當人一念。一念不生，三界六道，無投足處矣。〔註 77〕

上述直接將生命置於「三界六道」的視野而探討，雖未如本研究前述「十法界」種種生命形態一般深廣，卻也是看待生命的極寬領域。〔註 78〕如此當然會產生更加寬廣的認知生死的生命視野。對於這一理路，中國現代生死學的創始人傅偉勳做過相應探究，他的具體思路是將佛學對生命的認知植入現代學術闡釋模式中。例如其《從終極關懷到終極承諾》一文，便探討了大乘佛教的生死思想，從三個層面建構了一個完整的詮釋模式，即「從終極關懷到終極真實」「從終極真實到終極目標」「從終極目標到終極承諾」等。這些範疇，關乎生命存在的形式、領域問題，更關乎生命價值意義的定位標準。傅偉勳認為出乎「生——死」之外，從「終極真實」的角度來看待這些問題，才可能使生命在真正意義上取得對生死的超越。

不過，從禪宗生命學的角度加以對比就可發現，傅偉勳還是多局限於從概念、推理的角度來延伸生命的維度，並沒有到達實踐性的「確證自性智慧」層面。他曾經追問到：「如有所謂終極真實，究竟又是甚麼？」〔註 79〕對此，禪宗其實已經作了非常清晰的回答。以禪宗的視野為依據展開看，生命至少是一體多維的。「一體」含義包含三方面：一是指生命統攝於自性本根之體，二是萬類生命是一個統一體，三是個體生命存在是無法割裂成單個部分的有機整體；而「多維」，則又是說明個體生命包含不同的維度，其中有的層面是顯性可感的，例如眼耳鼻舌身意、身心感官、身體的存活與死亡等；而有些層面則是深密隱性的，例如末那識、含藏識、自性等深層。孤立地從外或內看待生命，難免陷入生命的割裂、矛盾。總之，禪宗生命學為人們認知生死範疇提供了多

〔註 77〕〔清〕弘贊：《六道集》，《卍新續藏》第 88 冊，第 109 頁。

〔註 78〕《六道集》重在談論「三界六道」範疇，但既然談「三界六道」，必然隱含著「三界六道」之外的生命範疇，故而其實也是以「十法界」視野而論生命。

〔註 79〕傅偉勳：《死亡的尊嚴與生命的尊嚴》，北京大學出版社，2006 年，第 179 頁。

維立體的全域視野，〔註80〕想要真正地解決生死困厄，生死學首先就必須重新思考有關生命領域的問題，其次才是設計、貫徹相應的通達方法。

現代生死學可以說包含了「生」和「死」的智慧。某種程度上，這是中西方對生命研究的「合成」。中國傳統文化注重研究「生命存在」，而西方文化則有關注死亡現象的「死亡學」。傅偉勳因其在美國天普大學教學，及自身後來患病的經歷，借用中國大乘佛學的理論構架創立了試圖融攝生死的生死學。

但實際上，並非西方文化不關注生，也不是中國文化不關注死。尤其在中國傳統文化中，只講「生命學」而不談「生死學」。因為於中華傳統觀念而言，「生命」包括了「生」和「死」。特別是道教和佛教生命思想中，生命的根本是「道」「空性」，生死只是其中的現象層面。莊子就有多篇關於生死的闡釋，如「生死齊一」「生也死之徒，死也生之始」〔註81〕。郭象在《莊子集釋》中也說：「生死出入，皆欻然自爾，未有為之者也。」〔註82〕而佛教關於這方面的言論，就顯得更多了。佛教認為，一旦確證生命的本來境界，生死業力就不會成為痛苦之源。故而，要解決生死問題，就必須立足於本根層面。中國禪宗更是將這種本根放置於心性中，認為確證了自性，生命就達到了圓滿解脫。

考察中國目前盛行的生死學，還是以西方科學主義思路而進行研究者占主流。如此，自然就不可能將生命的流程置於更廣闊的背景，如過去、現在、未來的「三際」，也就更不會承認生命本根的存在。即使承認，也將它誤以為是不滅的「靈魂」。從中國傳統文化的視野來研究者，又多從儒家的生命觀出發，將生命現象散滅往後的生命存在，當做是一種純粹的精神存在，延續在所立「功」「德」「言」中，本質上，這還是一種「有形有限」的精神性存在。這樣還是無法超越生死局限，得到生命的永恆。因為「三不朽」，其實需要他人的認可，在某些特殊的時代，一旦失去了他人的支持，那這種生命精神豈不就不復存在了！而真正的生命本根存在，它會隨著具體的因緣而顯化出新的生命形象；同時還不會因為外物、他人、時代的認可與否而有無易變。

〔註80〕這個意義上的生命論，筆者名之為「全域生命論」。

〔註81〕莊子：《知北遊》，《莊子集釋》卷七下，中華書局1961年版，第733頁。

〔註82〕〔晉〕郭象：《庚桑楚》，見《莊子集釋》卷八上，中華書局1961年版，第801頁。

所有的生死學體系建立的目的都是生死關懷、安頓生命，禪宗生死觀的目的也不外如此。但是，禪宗生死觀所要闡述的是將生命安頓於生命之本根，到達生命現象和心靈的圓滿境界。換句話說，人類生命中還有一個未盡知的世界，但它並不是虛幻的鬼神領域，而是人類自心的純粹狀態。故而，禪宗生死智慧，相對於當代生死關懷來說，實質上是拓展了人們的生命視野，因此也拓寬了認知和解決生死的維度。並且，從人類的生死關懷現狀和生死學研究的現狀來看，運用禪宗生死智慧，注入生死關懷應該是當前社會共同努力的方向。

二、建構超生越死的技術體系

現代生死學極力從科學、哲學、宗教等各類學科交叉中來吸取能夠對解決生死問題行之有效的實踐方法。然而，出於現代唯科學思維的局限性，大多只是從邏輯、學理層面來探討，由此而導致生死學很難產生具有實用性、徹底性的方法，更多的是勸誡性話語或神秘主義式的幻想。實際上，即使借助「形而上之道」建構了終極存在以及現代詮釋模式，如果不能依據一定的技術方法，真正的生死超越還是不可能達到。也就是說，現代生死學中，即使再精緻龐大的生死學體系，最終都必須落實在具體的實證中。否則，生命的最高境界，就只能成為一個理想的彼岸世界而永遠無法到達。從這個角度來看，當代生死學體系，即使與禪宗相關者，也還是側重於對大乘佛學所建構的生命結構體系進行梳理，對於實證的強調和貫徹，則稍顯薄弱。於是，「臨終關懷」才顯得那麼繁瑣、低效和沉重。

禪宗的生死智慧涉及一個重要而深刻的問題，就是生命的本根已然存在，但必須親自確證，才可以達到生命的永恆。如曹山本寂《撫州曹山本寂禪師語錄》亦云：

> 僧問：「常在生死海中沉沒者是甚麼人？」師曰：「第二月。」僧云：「還求出也無？」師曰：「也求出離，只是無路。」僧云：「出離什麼人接得伊？」師曰：「擔鐵枷者。」〔註 83〕

禪宗所包含的生死智慧，不但指透到了生命的最深層，還給出了許多的修行方法。這些方法，可以從自性本根論、修道次第論、般若解脫論、禪醫療愈

〔註 83〕〔唐〕本寂：《撫州曹山本寂禪師語錄》，郭凝之編，《大正藏》第 47 冊，第 539 頁。

論等內容中看到。這說明禪宗可以為現代生死學中生死問題的解決提供一定的經驗和技術保障。

此外，禪宗以另一種視野觀照著生命的存在，其中包含有龐大精緻的生命關懷體系。至於真正的在生死海中參修、度人，則如圓悟克勤《碧巖錄》卷二云：

> 只是俱胝老一個，且得沒交涉，曾向滄溟下浮木。如今謂之生死海，眾生在業海之中，頭出頭沒，不明自己，無有出期。俱胝老垂慈接物，於生死海中，用一指頭接人。似下浮木接盲龜相似，令諸眾生得到彼岸。〔註 86〕

禪宗所提供的最大資源應該是多維生命學視野，以及一系列豐富多彩的修行方法。禪宗用全域生命論來為生死建立起一種終極價值視野，並且用禪修的方式來輔助達到完成。其中每一具體的環節都是具體的修行方法，而其主旨即是為了讓眾生證取自性本根。化用在現代生死關懷領域，則可以大量嘗試用「禪悟」的途徑，讓受眾確立自己的生命目標，並且通過各種各樣的「真參實修」來輔助實現生死問題的解決。

三、服務生死關懷等社會事業

禪宗生死智慧並不止於單維地指向死亡，實際上也包含著對所有生命問題的關懷。此處重點列舉三方面來加以闡述。

第一，以對生命的自他傷害為例。各種心理疾病、焦慮、親密關係矛盾等，時刻都在傷人自傷。如何化盡這些常見的沉重感，也是禪宗能夠施展身手的範疇。例如家庭矛盾，其實是長久以來的「業積」導致雙方必然要發洩，瞬間衝出，而靠見性、禪修等方式化掉這些業因，或在業力已出現時能夠發現、反省，就已經削弱了痛苦傷害的根因，減少了對立矛盾的產生。

第二，以現代社會對疾病的唯科學主義處理為例。當代醫學中的唯科學主義並不一定絕對全面、正確，尤其是在對待具體的病例方面。例如癌症問題：之一，癌症切除了又長或換地方長；之二，即使已無腫瘤再生，但是整個人的精氣神已經散亂。此處並不是否定現代醫學、科技，現代醫學、科技的優長人所共見，而是說對生命的關懷不但要考慮到形成疾病的身體因素，

〔註 86〕〔宋〕圓悟克勤：《佛果圜悟禪師碧巖錄》卷二，《大正藏》第 48 冊，第 159 頁。

更要將疾病的成因追溯到心靈深層。對生命形成綜合關心、綜合治療。其中有兩條可以參考：一是在還未有問題發生的時候就學會見性、禪修、清理等方法，進行心靈環保，保持心靈生態，以減少生命問題的產生；二是生命問題既已產生，就考慮運用「傳統——現代」一體的綜合療愈，以現代科學進行針對性治療，而以傳統禪學尋找、根除內心造病的根源。

第三，以臨終關懷為例。恐懼死、無尊嚴死已經是當前的社會問題。對此，可考慮：其一，推廣禪宗對生死的認知知識，例如《佛說胞胎經》《壇經》等講述的生命理論，絕大部分現代人是不瞭解或有意迴避基本死亡常識的；其二，是學習臨終引導，包括臨終之前的發願、憶念、觀想等輔助。

總的來說，禪宗眼中，病是生死，迷失是生死，生命終結是生死。可以說，只要還沒有證得自性果境，生命程序就還有一定程度上的紊亂，如此即是生死。不過，所謂生死，是與最圓滿的生命境界相比較而言的。從現代社會的視角看，也許這些紊亂根本就沒必要關注而被視為「正常」，這其實是社會集體迷失而導致的結果。要醫治這些可被稱為「生死」的紊亂，就要從更終極的生命領域來審視並提供一整套行之有效的方法。正因乎此，筆者才著力突出禪宗對於現代生死關懷的特殊價值。雖然禪宗並不是現代意義上的生死學，但其中所包含的生死認知、生死超越等知識技術，完全具備一個完整的生死學構架；從解說生死的實質、生命的終極境界，到實現生命終極價值的途徑等方面，都可成為現代生死關懷的重要借鑒。反過來說，現代生死關懷要取得理論、實踐方面的更高成就，也應該深刻反思自身，開放心態，從各種學科體系中汲取更多的資源並貫徹心行合一。

第六章　禪宗的禪醫療愈論

傳統禪宗並未單列「禪醫」一門，如今也尚未出現成熟、公認的「禪醫」學科，但禪學系統中一直融含著大量醫學內容。正所謂「病深用藥，藥過用醫，方有活得人手段」〔註 1〕。而且由於其既傳承佛教醫方明，又兼取中醫；既關注身色病患，又重視心性調御等多元視野，是全域式的生命醫學範疇，故而頗值一探。本章即旨在梳理「禪醫」的源流、名實、理念、運用等，以期逐漸將其系統化、明晰化，使之運用於當今社會的生命關懷。

第一節　「禪醫」概念的提出與闡釋

儘管當前已出現部分研究者、實踐者按照現代學科思路探索禪宗醫學，而且已有「佛醫」「禪醫」「禪武醫」等概念出現並運用，但「禪醫」之名，似乎還是未得到社會的普遍認知和認可。這與「禪醫」自身體系建設的成熟度和傳播度有關。事實上，「禪醫」已經具備足夠豐富、深刻的醫學內涵，只是當前還缺乏獨立、成熟的理論體系。本書希望在梳理禪宗醫學相關內容後，將「禪醫」概念在學術領域正式確定下來，並積極探討、建構其理論與實踐體系，推動且挖掘其現實功能。從其內容、特質以及理論構成等角度看，禪醫大致可定位為：以禪宗全域生命理論、生命價值觀為基本理論統攝，傳承佛教醫方明，融會中華醫藥學而為主幹的醫學體系，其基本理念是生命關懷，涉及色身醫養、心性療愈的禪宗醫學體系。而且，禪醫的核心生命觀相對穩定，但其醫學元素會隨著時代、社會語境演變而有所增減、用退。在現代社

〔註 1〕〔宋〕宏智正覺：《宏智禪師廣錄》卷一，《大正藏》第 48 冊，第 7 頁。

會，甚至還會有西方醫學元素融入。這一醫學系統的具體內涵、具體定位應該在具體的語境下進行闡述。

一、禪醫基於禪宗生命觀

禪醫包含醫療色身、心靈的醫術與醫藥等主要元素，但禪醫的獨特性在於其醫術、醫藥、理論等均基於禪宗生命觀而展開，受禪宗生命觀統攝。也就是說，禪醫最深刻、獨特的內涵是禪宗生命價值觀，是從禪宗生命學的視野去把握、運用「醫學」。禪宗對生命的認知是全域的，所以其醫學也是全域的，有的病在其餘醫學系統中是病，或是某種病，但在禪醫系統中卻不一定；有的死亡在其他醫學中被定位為死亡，但在禪醫視野中也許就是生命形態的轉化；有的醫學視野認為某些病不能治，但在禪醫視野中或許卻能療愈。禪醫的「施用」便是由此認知而設計、實踐。

首先，禪醫施治最終目的是為證見自性，獲得般若解脫。禪醫的基本療愈觀念，不論身病、心病，均是為了最終成就「自性」。禪醫的一切醫療均是為了禪宗意義上的解脫、出離，而非簡單的某種疾病現象的療愈。言下之意，一切禪醫的建構、施用，均是基於禪宗生命觀。如蕅益智旭《示真學》云：「市醫僅知一方，可療一病，取一直，資厥身，則聲聞緣覺是也。若任大將，作大醫者，必盡知韜略，遍達方味，然後向無不克，治無不驗。圓頓行人，通達萬法，圓悟一心，自行則無惑不破，化他則無機不接。」〔註 2〕意即小醫醫小病，大醫醫大病，同理，通達圓融自性者，則能自度度他，作大醫王。再如《嵩山野竹禪師語錄》卷八載：「今天下以病病人者多，而膏肓之病尤多，雖杏林春放，橘井香生，終不能藥而瘳之。嗟嗟！顧安得有盧扁起，令盡大地病者，一個個倒腸傾肚，一個個起死回生，然後藥病齊埽，成個佛祖，乾淨世界。余目觀三十年，未有勃然而興者，安得不扼擥，為天下人哭邪！」〔註 3〕此中野竹禪師見天下人多病，天下也多醫者，但始終難療病入膏肓，所以他期盼出現像盧扁（盧國扁鵲）一樣的神醫，令眾生大病皆愈，起死回生，甚至成佛作祖，清淨法界。由此也可看出，其中的「醫理」並非因「醫」而單列，而是附著在禪門的修道、證道等宗趣上；儘管歷代禪醫也重治病，但始終是「以醫說禪」，治病乃是為了實現最終的自性清淨，實現生命的解脫超越。

〔註 2〕〔明〕蕅益智旭：《靈峰蕅益大師宗論》卷二，《嘉興藏》第 36 冊，第 276 頁。
〔註 3〕〔清〕福慧：《嵩山野竹禪師語錄》卷八，《嘉興藏》第 29 冊，第 128 頁。

其次，禪醫從全域生命論看待一切疾病。意即從自性本根的視角看待疾病之形成、實質、有無，以病說禪，以禪談病。《續燈正統》卷四十載：「師病次，僧問：『和尚何病？』師曰：『針灸不得的病。』曰：『與麼則神醫拱手也。』師曰：『須知有不病者。』曰：『如何是不病者？』師拈如意便打。』」〔註4〕其中所記乃建寧府回龍古航道舟禪師，他與弟子的對話說自己的病針灸也醫不得，神醫也束手。但話鋒一轉，說有「不病者」。弟子好奇追問何者不病，道舟拈如意便打〔註5〕。其中頗有病不過是緣起緣散之意。又神鼎《雲外禪師語錄》卷六云：「山僧一病二十餘日，不惟世間醫生奈何不得，扁鵲華陀亦奈何不得，十方諸佛竭盡神通亦奈何不得。何故？以山僧此病無棱無罅，無可奈何故。若能如是見得，是為真實善病陀羅尼門。」〔註6〕神鼎雲外禪師抱恙，初愈後，說自己的病世間醫生、甚至扁鵲華佗也奈何不得，因為此病無棱無罅，無可奈何，無跡可尋。能認識到這一層，即是「真實善病陀羅尼門」。這一說法非常獨特。能夠妥善圓滿處理死亡者，稱「善逝」；能妥善處理疾病，從疾病見性證性者，便稱為「善病」，持此見者，病也成為能令善法不失的陀羅尼門。這是典型的從全域生命視野看待疾病。言下之意，病乃相，病乃因緣聚散，但凡執著，即墮入自性迷失之病。

再次，禪醫以大乘精神護生。但凡醫者，均為療病護生，活人性命。至於禪醫，則更是多了一種以大乘佛教精神度人解脫、拔苦為樂的生命關懷。如宋僧文廣《智覺禪師自行錄》載其行醫大願：「遇緣廣施醫藥，願盡未來際，常作醫王，普救一切眾生身心重病。〔註7〕」文廣願自己廣施醫藥，常作醫王，治療一切眾生的身心重病。這是以禪門終極解脫精神價值為指導才能發出的大願，是身為禪醫的終極價值標準。體現這種大乘護生精神的記述還有很多，如《介庵進禪師語錄》卷八「贈張恒所醫士」云：「曾受醫王囑，深棲桃杏林。千般枯草料，一片活人心。指下定生死，機先按古今。丹爐煮明月，赤土變黃金。」〔註8〕另如《高峰龍泉院因師集賢語錄》卷六《醫僧》云：

〔註4〕〔清〕性統：《續燈正統》卷四十，《卍新續藏》第84冊，第637頁。

〔註5〕禪宗常常記錄的「打」一般有兩種情況：一是真實用身手邊物，如棍、拂塵、如意等擊打對方；二是以手中物或手擊打出響聲，以示警醒、逼迫。

〔註6〕〔清〕神鼎雲外：《雲外禪師語錄》卷六，《嘉興藏》第33冊，第282頁。

〔註7〕〔宋〕文沖：《智覺禪師自行錄》，《卍新續藏》第63冊，第164頁。

〔註8〕〔清〕悟進：《介庵進禪師語錄》卷八，真化等編，《嘉興藏》第29冊，第354頁。

「平生恭儉孰能同，百衲三衣破又縫。常把靈丹醫眾疾，每將貝葉究真宗。身形有類千年鶴，節操還同萬丈松。一旦支離圓寂後，空留晨夕坐禪蹤。」〔註 9〕都在突出這些醫者的自我修持境界以及度人病除、活人性命的大乘護生精神。

此外，禪醫因病靈活施治。基於禪法的因機設教、隨方解縛，禪醫療愈諸病也形成了諸多靈活性。永明延壽認為：「但了不思議一法，自然橫周法界，皆同此旨。大根一覽，蕩爾無遺。如上醫治患，見草童舞而眾疾咸消。又直聞其言，病自除愈。則何須軫（診）候，更待施方？又如上醫以非藥為藥，中醫以藥為藥，下醫藥成非藥。非藥為藥者，如云無有一物不是藥者，攬草皆成，豈云是藥非藥。如行非道而通佛道，即煩惱而成菩提，一切世法純是佛法。以藥為藥者，即應病與藥，隨手痊癒。附子治風，橘皮消氣等。如觀根授法，不失其時。思覺多者，修數息觀。淫慾多者，修不淨觀等。藥為非藥者，即不識病原，反增其疾。如說法者，不逗其機。淺根起於謗心，下士聞而大笑。醍醐上味，為世珍奇，遇斯等人，翻成毒藥。」〔註 10〕其基本含義是將禪醫按照境界分為上中下三層，下者藥成非藥，中者以藥為藥，上者非藥為藥。其神髓在上者，上醫甚至能做到使患者見草童舞而眾疾咸消，聞其言而病自除愈。其根本所據便是禪的境界和行持。又如明僧徹庸周理《曹溪一滴》云：「世以砒霜鳩糞，草烏為毒，苟誤投之，即殺人無疑。然善醫之者，以之而瘥人疾。此何也？蓋得其用之法而已矣。善知識，用六情治眾生病，亦復如是。大智慧海中，不可捨卻此物而不用。故善於醫者，能用毒為藥。善於智者，能轉識為性。」〔註 11〕徹庸周理是明代活躍於雲南一帶的高僧，以禪名世。他在引文中說明禪門醫藥因病下藥，善醫者可以砒霜、鳩糞、草烏等毒物入藥，療愈病患；喜、怒、哀、樂、愛、惡「六情」本是影響生命修持的情志，但禪門善醫者也可以靈活用之治療眾生之病，即所謂「轉識為性」。

總體而言，禪醫者，凡診斷、用藥、病除等，雖行之以術，卻馭之以禪，其中根本，乃是禪的生命價值觀，正因此生命價值觀，才顯現出了禪醫的獨特性，不但醫身，且還醫心，更還以醫修禪，證禪，用禪。

〔註 9〕〔元〕如瑛編輯：《高峰龍泉院因師集賢語錄》卷六，《卍新續藏》第 65 冊，第 26 頁。

〔註 10〕〔宋〕延壽：《宗鏡錄》卷二十三，《大正藏》第 48 冊，第 546 頁。

〔註 11〕〔明〕徹庸周理：《曹溪一滴》，《嘉興藏》第 25 冊，第 274 頁。

二、禪醫傳承佛教醫方明

佛教自創建以來，便含有龐大的「醫方明」體系。所謂的「醫方明」，指佛教的醫藥學系統。佛教有「五明」之說，宋代法雲《翻譯名義集》云：「五明者，一曰聲明，釋詁訓字詮目流別。二工巧明，伎術機關，陰陽曆數。三醫方明，禁呪閑邪藥石針艾。四因明，考定正邪，研核真偽（外道言論）。五曰內明，究暢五乘因果妙理。」〔註 12〕意即佛教「五明」為因明、聲明、醫方明、工巧明、內明，其中「醫方明」範圍涉及「禁呪閑邪藥石針艾」，即相應時代的醫藥學內容。中土禪宗對其傳承大致有如下幾個維度。

其一，傳承印度佛教「醫方明」之說。《佛祖歷代通載》卷三云：「醫方明有四種相：一示病體善巧相，二示病因善巧相，三示斷已更生善巧相，四示斷已不生善巧相。」〔註 13〕意即禪門也繼承了印度佛教傳來的醫方明名言，及其細化四分之說。當然，這也就意味著禪醫也認可、繼承了醫方明的相應醫藥系統。

其二，對「大醫王」「藥師佛」「藥王藥上」形相的認可。在此「醫方明」系統中，除了「禁呪閑邪藥石針艾」等內容，最突出的體現是釋迦牟尼佛被稱為「大醫王」，而且塑造了「藥師佛」及兩位佛門神醫「藥王藥上」。關於「大醫王」，《雜阿含經》卷十五云：「爾時，世尊告諸比丘：『有四法成就，名曰大醫王者，所應王之具、王之分。何等為四？一者善知病，二者善知病源，三者善知病對治，四者善知治病已，當來更不動發。云何名良醫善知病？謂良醫善知如是如是種種病，是名良醫善知病。云何良醫善知病源？謂良醫善知此病因風起、癖陰起、涎唾起、眾冷起、因現事起、時節起，是名良醫善知病源。云何良醫善知病對治？謂良醫善知種種病，應塗藥、應吐、應下、應灌鼻、應熏、應取汗。如是比種種對治，是名良醫善知對治。云何良醫善知治病已，於未來世永不動發？謂良醫善治種種病，令究竟除，於未來世永不復起，是名良醫善知治病，更不動發。如來、應、等正覺為大醫王，成就四德，療眾生病，亦復如是。』」〔註 14〕其中的如來、應、等正覺為佛十大稱號之三。大醫王善知病相、善知病源、善知治病、善知根治，是佛教醫界最高最上的存在。關於「藥師佛」，義淨譯本《藥師經》云：「彼藥師琉璃光

〔註 12〕〔宋〕法雲：《翻譯名義集》五，《大正藏》第 54 冊，第 1144 頁。
〔註 13〕〔元〕念常：《佛祖歷代通載》，《大正藏》第 49 冊，第 495 頁。
〔註 14〕《雜阿含經》卷十五，《大正藏》第 2 冊，第 105 頁。

如來得菩提時，由本願力，觀諸有情，遇眾病苦，瘦攣、乾消、黃熱等病；或被魘魅、蠱毒所中；或復短命，或時橫死；欲令是等病苦消除，所求願滿。」〔註 15〕藥師如來有著名的「十二大願」，《藥師經》中說諸眾生依託藥師如來的願力，可醫諸有情瘦攣、乾消、黃熱、魘魅、蠱毒、短命、橫死等病苦。此外，還有多部經典中都談到「藥王藥上」二菩薩「神醫」。關於「藥王藥上」，清代通理在闡釋《首楞嚴經》時做了進一步介紹：「以其能治身心二病，故印以藥王藥上之名，亦為酬其宿願力，故雖蒙佛印不肯得少為足。利生嚴土進學法王之行，故今示於佛會為法王子。」〔註 16〕藥王藥上已被佛教視為神醫，《治禪病秘要法》記錄了佛陀為阿難解說以藥王藥上之法治療禪病的內容：「阿難！若行者坐時，患兩耳滿、骨節疼痛、兩手掌癢、兩腳下痛、心下動項、筋轉眼眩，坐處朓鬼來竊語、或散香花作種種妖怪，當疾治之。治之法者，先當觀藥王、藥上二菩薩手執金瓶持水灌之。次復當觀雪山神王持一白花至行者所覆其頂上，白光流入潤身毛孔即得柔軟，更無異相。然後復見闍婆童子持仙人花散行者上，一一花間雨諸妙藥潤於毛孔，諸朓疼癢、種種苦痛、音聲細語、諸鬼神輩永盡無餘。」〔註 17〕藥王藥上的神醫形相也被禪宗繼承，與「大醫王」「藥師佛」共同成為禪宗對佛教醫方明的傳承主線之一。

其三，對佛教醫方明傳往中土軌跡的記錄。梁代寶唱《名僧傳抄》載：「求那跋陀，中天竺人也。少傳五明，天文書筭，醫方呪術，風甬盈虛。世間術業，多所究竟。」〔註 18〕《佛祖歷代通載》云：「沙門于法開，蘭公徒弟也。善放光法華，尤精醫法。嘗值婦人在草危急，開曰：『此易治耳。』主人宰羊欲祀神，開令取肉為羹進竟，因氣針之，須臾羊膜裹兒而出。或問：『法師高明剛簡，何以醫術經懷？』答曰：『明六度以除四魔之病，調九候以療風寒之疾。自利利人，不亦可乎？」〔註 19〕上記求那跋陀、于法開二人既是名僧，也是佛醫，是佛教醫方明在中土本土化過程中的兩位重要醫僧。後世禪醫也將兩位醫僧納入自身禪醫體系。

〔註 15〕《藥師琉璃光七佛本願功德經》，〔唐〕義淨譯，《大正藏》第 14 冊，第 414 頁。

〔註 16〕〔清〕通理：《楞嚴經指掌疏》卷五，《卍新續藏》第 16 冊，第 162 頁。

〔註 17〕《治禪病祕要法》，宋居士沮渠京聲譯，《大正藏》第 15 冊，第 342 頁。

〔註 18〕〔梁〕寶唱：《名僧傳抄》，《卍新續藏》第 77 冊，第 351 頁。

〔註 19〕〔元〕念常：《佛祖歷代通載》卷六，《大正藏》第 49 冊，第 523 頁。

其四，禪宗正式將醫方明融入自身文化體系。如此種種「醫方明」，禪宗多有傳承，例如宋代睦庵善卿《祖庭事苑》卷七所記即繼承了《涅槃經》所說醫事：「譬如國王，闇鈍少智。有一醫師，性復頑嚚。而王不別，厚賜俸祿。療治眾病，純以乳藥。後有一醫，明曉八種術，善療眾病，即為王說種種醫方。王聞是語，方知舊醫愚騃無智。王宣令國中有病之人，皆不聽以乳為藥，別以眾藥和合而療。其後不久，王復得病，即命是醫。醫占王病，當用乳藥。王語醫言：『汝今狂邪？而言服乳。汝先言毒，今何言服？』醫語王言：『王今不應作如是語。如蟲食木，有成字者，此蟲不知是字非字。智人見之，終不唱言是蟲解字，亦不驚挫。當知舊醫亦復如是，不別諸病，悉與乳藥。是乳藥者，亦名毒害，亦名甘露。』王聞是語，即便服之，病得除愈。」〔註20〕又永明延壽《宗鏡錄》卷四十云：「如經云：『佛告菩提樹神，過去有佛，名曰寶勝。滅後有長者，名曰持水，善知醫方，救諸病苦。持水有子，名曰流水。是時國內，天降災變。流水見已，自思惟言：『我父年邁，不能至彼城邑聚落。』便至父所，問醫方已，因得了知一切方術。遍至城邑，作如是言：我是醫師，我是醫師，善知方藥，療治一切。一切眾生，聞許治病。直聞是言，所患即除。」〔註21〕在上述兩例中，禪宗直接引用印度佛教經典的醫方明事例，融入自身體系，並以之講傳禪醫、禪法之理。

禪醫繼承佛教醫方明，並不意味著全盤承襲，又或說已與佛教醫方明截然不同，獨立而在。在「醫方明」這一範疇，禪宗將相關佛教經典、佛教初入中土未分宗派時的醫方元素大量繼承、納入。所不同者，唯是禪宗開拓了以自宗因緣療愈的更多領域、案例，從而既形成了獨立性，又豐富了中國佛教醫方明。

三、禪醫融會中華醫藥學

由於中華文化的特殊語境，禪醫同樣全面深入地融匯了中華醫藥學。最突出的體現就是雖名曰「禪醫」，實際上卻是與中華原有儒道諸家醫藥學共同熔冶而新創生。其融匯軌跡可由下略見一斑。

漢魏之際佛醫與中華醫藥學的融合可視為禪醫之雛形。據《魏書》卷九十一《藝術・崔彧傳》「崔彧子醫於沙門」云：「彧少嘗詣青州，逢隱逸沙門，教

〔註20〕〔宋〕睦庵善卿：《祖庭事苑》卷七，《卍新續藏》第64冊，第418頁。
〔註21〕〔宋〕延壽：《宗鏡錄》卷四十，《大正藏》第48冊，第651頁。

以《素問》九卷及《甲乙》，遂善醫術。中山王英子略曾病，王顯等不能療，彧針之，抽針即愈。」〔註22〕其中沙門精於《素問》及《甲乙》，僧家已然傳承中華醫術精髓，後又傳授與俗家醫者崔彧，而且先是崔彧還就醫於沙門，如此可見僧俗之間的醫療關係已極為密切。只不過當時尚未產生禪宗，所以禪醫之名實還未形成。

唐代孫思邈所著《千金翼方》已正式出現禪醫相關藥方內容，如卷十二《養性》一篇「服杏仁法」云：「杏仁（一升，去尖皮及兩仁者熬令色黃，末之）、茯苓（一斤末之）、人參（伍兩末之）、酥（二斤）、蜜（一升半）。右伍味，內銅器中，微火煎，先下蜜，次下杏仁，次下酥，次下茯苓，次下人參，調令均和，則內於瓷器中，空肚服之一合，稍稍加之以利為度，日再服，忌魚肉。有因讀誦思義，坐禪及為外物驚恐狂走失心方。」〔註23〕意即此方可醫思慮過多、坐禪過久，以及為外物驚擾之「狂走失心」。又如「正禪方」：「春桑耳、夏桑子、秋桑葉。右三味，等分擣篩。以水一斗煮小豆一升，令大熟，以桑末一升和煮微沸，著鹽豉服之，日三服，飽服無妨。三日外稍去小豆。身輕目明無眠睡，十日覺遠（運）智通初地禪，服二十日到二禪定，百日得三禪定，累一年得四禪定。萬相皆見，壞欲界，觀境界，如視掌中，得見佛性。」〔註24〕「正禪方」有助於坐禪入定，服用十日通初禪，服用二十日得二禪，服用百日得三禪，服用一年得四禪，最終能勘破一切物相，證得佛性。雖然甚是誇張，但可看出在此方中，禪醫意味已極為濃鬱。

元代禪僧元賢所編《禪林疏語考證》則錄有諸多儒釋道合一的醫者、醫理、醫方。例如「保瘟病」一欄云：「厥疾弗瘳實切一家之慮，唯佛普應能消六沴之災。乃殫微誠，特申懇禱。切念（某）頃以泡影之身，遽染札瘥之氣。辯明傳變孰為仲景之良醫，診視浮沉誰是叔和之妙手。豈曰天殃之致是，實關人事之有虧。既增黑簿之愆，宜取皇穹之譴。乃瀝心而陳懇，特請命以祈恩。（入佛事）伏願拯危急於膏肓，散沖和於經絡，赦其萬死毋煩起死之良方，賜以再生久賴好生之厚德。」〔註25〕其中談到佛普應能消六沴之災、入佛事；所舉張仲景、王叔和二人，均是兼取儒道醫術的一代名醫，此外還談到散沖、

〔註22〕〔北齊〕魏收：《魏書》卷九十一《藝術．崔彧傳》，見《正史佛教資料類編》第1冊，第330頁。

〔註23〕〔唐〕孫思邈：《千金翼方》卷十二，清光緒四年景元大德梅溪書院本，第13頁。

〔註24〕〔唐〕孫思邈：《千金翼方》卷十二，清光緒四年景元大德梅溪書院本，第14頁。

〔註25〕〔元〕元賢：《禪林疏語考證》卷二，《卍新續藏》第63冊，第695頁。

經絡等道醫中醫概念。可知在僧元賢處，儒釋（禪）道醫理已經融為一爐，匯成禪醫之一斑。又「保重病」一欄云：「身為眾苦本乃有採薪之憂，佛作大醫王能愈孔棘之疾。披心致懇，稽首陳情。切念（某）幻形靡堅，塵障實重。比因四大之蹇，遽為一身之憂。藥加瞑眩之投甚於冰炭，命切危亡之迫凜若風燈。冀逢三折肱之良，庸致九頓首之請。（入佛事）伏願四肢㣈（暢）適，六脈均調。注生藉之長年，俾爾綿延之壽。堅福基於不壞，錫予穰簡之休。」〔註 26〕其中所述，實乃「佛事」儀式之所念唱，有大醫王、瞑眩、六脈、福基等儒釋道醫學用語及相應醫道思想。顯而易見，禪門之內，禪醫與中華儒道醫學的融匯已極為深透。

另在清僧觀衡《紫竹林顓愚衡和尚語錄》卷八《翼醫通考補序》亦云：「原夫造物者，生生之主也，醫乃生生之輔也，而醫得非造物之神用乎，蓋醫與造物，體用相併，醫之道豈可輕易言哉，試觀醫脈祖於神農軒轅，此聖皇也，老子曰：道大天大地大王亦大。而王稱天地之大者，輔天地之生氣故也。」〔註 27〕其中，禪僧視野下的儒道醫理已交相通論。又云：「余居南嶽吃烏藥中毒，而氣血殆盡，因詣邵陵就醫，見喻公得療。三年之中稍有感冒微恙，受公之藥，楮筆未能盡劃，公之仁與我多矣。公一日持此集以誨余，俟禪坐之暇，讀未三復，乃見公肝膽包乎。太虛一段生氣，洋洋溢溢渺無涯際，是知用心在岐伯上求可也，醫與造物並求可也，是為剩語。」〔註 28〕上述為清僧觀衡為《翼醫通考》所作補序，說自己因食物中毒病重，得遇「喻公」而療愈，之後一直受其養護。後《翼醫通考》編成，觀衡在坐禪之餘多次研讀此書，因而知醫者胸懷及深厚醫學造詣。此序無疑是禪僧和俗世良醫的醫理互動，又引道家之語詞，足見其內通之道。

總言之，不論在醫理、醫方各處，禪與中華儒道諸家文化中的醫學已經充分融匯，禪醫成為中華醫學的一部分，同時也取用中華醫學的一切資源滋養自身，較之於印度佛教醫方明，已經更加明顯地豐富了自身的內容構成，擴寬了在社會中的施用實踐。

四、禪門醫者略舉

史上禪者多以禪留名，以醫留名者甚少，而且其聲名多不顯著。當然，這

〔註 26〕〔元〕元賢：《禪林疏語考證》卷二，《卍新續藏》第 63 冊，第 695 頁。
〔註 27〕〔清〕觀衡：《紫竹林顓愚衡和尚語錄》卷八，《嘉興藏》第 28 冊，第 696 頁。
〔註 28〕〔清〕觀衡：《紫竹林顓愚衡和尚語錄》卷八，《嘉興藏》第 28 冊，第 696 頁。

並不能否定禪宗領域確實存在一個數量不小的禪醫群體。此處稍加整理，以作參考。

潼州光興寺寶彖。北周安漢人，「後還涪川，開化道俗。外典佛經相續訓導，引邪歸正，十室而九。又鈔集醫方，療諸集苦。或報以金帛者，一無所受。」〔註29〕寶彖乃中國較早禪醫，卒於保定元年。

寶曆寺智廣。五代前蜀僧，曾主持成都寶曆寺，據《四川通志》卷一百六十六載，智廣醫術高明，尤其諳熟人體經脈等內景內證領域。凡筋脈拘攣、身體損傷等疾病，均內服外敷雙管齊下，療效神速，時稱「聖僧」。

禪宗四祖道信。道信逝後，唐代宗李豫賜諡號「大醫禪師」〔註30〕。原因一是道信擅以禪法醫諸眾生，降伏山中匪類；二是曾配製助力治理草藥蘄州黃梅一代瘟疫，救死扶傷。可謂禪醫典範。

化沖。與北宋黃龍死心悟新禪師同時代，據《嘉泰普燈錄》載：「日晡，從者請歸。師曰：『大千為家，何以歸為？』眾譁然，議云：『師臥不起，殆病乎？』呼醫僧化沖至。將診，師叱之。」〔註31〕可看出化沖乃服務寺院日常醫療需求的醫僧。

張世寧（法暈禪師）。北宋江油縣竇圖山人，據北宋黃休復《茅亭客話》卷九「天倉洞」一欄云：「醫人張世寧，先為僧，名法暈。師事綿州雲山院僧曉樞者，郴人也。禪觀之暇，頗好燒煉。太平興國初，令法暈及行者柴漢榮、張保緒往昌明縣竇船山採藥。」〔註32〕此人先為僧，後還俗，成為禪門居士醫者。

僧戒。宋僧，據《錦江禪燈》載：「一日有戒上座者，善於醫術。分衛而歸，命廣說法。戒出問曰：『如何是九峰境？』答曰：『滔滔雙澗水，落落九重山。』進曰：『如何是境中人？』答曰：『長者自長，短者自短。』進曰：『人境已蒙師指示，向上宗乘事若何？』答曰：『吃棒得也未？』戒作禮。廣問侍者曰：『升座為何事？』侍者曰：『戒藥王請。』廣曰：『金毛師子子，出窟便咆哮。且道金毛師子子是阿誰？』良久云：『即是今晨戒藥王。』便

〔註29〕〔唐〕道宣：《續高僧傳》卷八，《大正藏》第50冊，第486頁。

〔註30〕〔宋〕普寂：《五燈會元》卷一，《卍新續藏》第80冊，第45頁。

〔註31〕〔宋〕正受：《嘉泰普燈錄》卷六，《卍新續藏》第79冊，第324頁。

〔註32〕〔宋〕黃休復：《茅亭客話》卷九之「天倉洞」，見文淵閣《四庫全書》·子部十二·小說家類二·異聞，臺灣商務印書館印影版，第1042冊，第955頁。

下座。」〔註 33〕僧戒，被稱為戒上座，又稱為「戒藥王」。

證悟圓智。南宋真教白蓮仙禪師法嗣，《佛祖統紀》記：「黃岩林氏，母夢老儒寄宿而生。幼聰敏不好弄，書史經目悉能開說，醫方卜筮無不精究。」〔註 34〕

釋繼洪，宋元之際醫僧，籍河南汝州，精通「五明」，尤其是醫方明，有《嶺南衛生方》一書傳世，乃為禪醫經典。

衢州烏石山傑峰世愚。元末明初臨濟宗第二十二世，楊岐派僧。考其語錄當是醫術不凡。《五燈會元續略》卷二載其語云：「為治眾生心中五欲八風、煩惱塵勞、妄想執著一切諸病，一大藏教總是濟世醫方，一千七百祖師公案盡是靈丹妙藥。有病應服藥，無病藥還祛。」〔註 35〕

伏牛無礙鑒。明初臨濟宗僧，徑山法系，閬中人，嗣法東林無際明悟。《錦江禪燈》卷八載：「夫有相有因，故立牧牛規矩。無面無狀，了無從處安名。廣開法施醫方，量擬病根瘳痼。」〔註 36〕無礙鑒精禪醫之理。

靈藥慧宗。明代楚澧州趙氏子，密雲圓悟法嗣，《滇釋紀》卷三載：「後因修築眾多疾病，密命師執主藥僚。時，凡經師治者皆愈，遂號靈藥。〔註 37〕靈藥慧宗入滇傳禪。初在昆明五華寺作住持，後到石屏開天寧山，到寧州開海鏡寺，又重修靈照寺。康熙壬寅年，又在富民縣創立九峰山西華寺，為此寺開山祖師。

悅可庭。明代醫僧，據恕中無慍《恕中和尚語錄》卷四載：「病中贈醫僧悅可庭：我懷佛祖病，不獨病厥躬。三界病有盡，我病無終窮。可庭解醫病，聊與言病功。虛空病之體，病體離虛空。呻吟儂笑病，歡樂病笑儂。推病病不去，覓病病無蹤。年來識病處，不將病掛胷。千病及萬病，只與一病同。有身則有病，無身病何從。」〔註 38〕悅可庭其餘信息難考，據恕中空室此作，當是醫術高超之禪醫。

法程。明代僧，據清周克復《觀音經持驗記》載：「明溫州醫僧法程，字

〔註 33〕〔清〕通醉：《錦江禪燈》卷四，《卍新續藏》第 85 冊，第 141 頁。

〔註 34〕〔宋〕志磐：《佛祖統紀》卷十六，《大正藏》第 49 冊，第 232 頁。

〔註 35〕〔明〕淨柱輯：《五燈會元續略》卷二，《卍新續藏》第 80 冊，第 491 頁。

〔註 36〕〔清〕《錦江禪燈》卷八，《卍新續藏》第 85 冊，第 162 頁。

〔註 37〕〔清〕圓鼎：《滇釋紀》卷三，《雲南叢書·子部》卷二十九，雲南圖書館藏本，第 9 頁。

〔註 38〕〔明〕恕中無慍：《恕中和尚語錄》卷四，居頂等編，《卍新續藏》第 71 冊，第 429 頁。

無枉，少瞽，百端治之不愈，但晝夜誦觀世音名號。如是十五年，夢中聞菩薩呼之使前，若有物縶其足不可動。菩薩歎曰：汝前世為灸師，誤損人眼，今生當受此報。吾憐汝誠心，當使衣食豐足。遂探懷中，掬寶珠滿手與之。既寤，醫道大行，衣缽甚富，後享高壽。」〔註 39〕法程經歷傳奇，有觀音入夢印可之說，然其醫術高明之實見諸多種文獻。

離欲。法號覺空，近代四川名僧，曾住持樂至報國寺，據傳世壽 124 歲。離欲禪師醫術高超，施治不拘法度，遠近有醫名，撰有《離欲法師遺方》，今已出版，流傳甚廣。

此外，禪宗少林一系向來有禪醫傳統，據載：北魏洪遵撰《少林寺針灸秘抄》，志剛撰《少林醫僧寶囊》。隋唐子升擅點穴治病，撰《摩穴秘旨》；志操擅針灸，療跌打損傷，著《少室僧針灸秘經集》；福湖善點穴、針灸、草藥，撰《少林傷科十大方》。宋代福居編《少林寺跌打損傷秘方》，洪溫擅長骨傷科，覺遠撰《少林寺內科神效錄》。元代惠定撰《少林骨科旨要》《少林醫家丸散藥譜》；惠炬擅針灸，撰《針刺九十神穴》。明代無言正道創禪武醫；異遠著《跌損妙方》；智正輯《少林寺秘方》。清代景冬陽吸納少林禪醫，編《嵩崖尊生》。近代湛舉、湛化、淳智編《少林跌打損傷秘方》等。〔註 40〕少林歷代禪醫輩出，建構了如今的禪武醫系統，乃禪醫之重要形態。

除上述有具體姓名流傳者，在一些禪師語錄中，也記錄著一些禪醫的零星信息，多由禪師為「醫僧」「醫者」所附題。如《一初禪師語錄附碑記》卷下《師病起謝沈慧卿劉豸生王伯仁周晉生眾居士》，天如惟則《師子林天如和尚語錄》卷五之《和送梁壽川之任南康醫教》，《密雲禪師語錄》卷十一之《示醫者》，《百癡禪師語錄》卷二十一之《示醫者》，《即非禪師全錄》之《贈醫生》等，均可看出禪門還有一部分並未流傳聲名，但在禪宗史上起著重要作用的醫者。

上述乃從零散文獻中梳理歸納而得，諸多醫者也只有零星信息，不過可以肯定的是禪宗史上歷代均存在數量不等的禪醫，禪門確實有一個數量龐大的禪醫群體，其中有僧有俗，能夠保障禪門的日常醫療需求，對禪門的身心關懷、禪法傳播做出了重要貢獻。而且還禪、醫一體，將諸醫方施用社會，裨益眾生。只不過更詳細、全面的信息還需進一步去考證確認、補充。

〔註 39〕〔清〕周克復輯錄：《觀音經持驗記》，《卍新續藏》第 78 冊，第 102 頁。
〔註 40〕上述數據乃從少林寺禪武醫網站引用歸納。

第二節　禪醫的病患形成原理

據《修行本起經．遊觀品》說：「人有四大，地、水、火、風，大有百一病，展轉相鑽，四百四病。同時俱作，此人必以極寒、極熱、極饑、極飽、極飲、極渴，將節失所，臥起無常，故致斯病。」〔註41〕這是印度佛教關於四百四病較為詳致的論述。四百四病，極言其多，而非實指。禪門也承襲此說，如《宗鏡錄》卷三十一云：「所謂病者，四百四病，及餘外來侵損身者。」〔註42〕即所謂的病患，包含「四百四病」以及外力所致損傷。至於種種病患形成原因，主要體現如下。

一、四大不調

禪宗觀念中，四大不調是疾病生起的重要原因。四大地水火風乃是概指構成人身體不同元素的四種特質，「地」指代構成身體的堅實「物性」，如肉體、骨骼、齒髮、指爪、筋皮等；「水」指代構成身體的「濕性」，如涕、唾、膿、血、痰、淚、津、便等；「火」指代構成身體的「熱性」，如體溫、熱量等；「風」指代構成身體的「動性」，如一呼一吸、動感等。由此綜合融匯為一的「身體」，其間相生相剋，互為因果。四大調和，身體各部分則表現出一種祥和共處關係；而一旦四大不調，四百四病便在處叢生。如明僧傳燈《維摩詰所說經無我疏》云：

> 此身四大合成，一大不調，則百一病生。若四大俱不調和，則四百四病俱時而生。〔註43〕

這是傳燈在注解《維摩詰經》時的疏語。維摩詰示疾，以病示法，說到「是身為災，百一病惱」〔註44〕，故有傳燈此語。大致意思是，四大之一不調，則生一百一種病，若四大皆不調，則生四百四種病。實際上，四大不調乃是總稱，但凡一大不調，也意味著四大不調。

至於四大之間的具體變化、互生原理，《佛說佛醫經》解說得極為清楚：

> 人身中本有四病：一者地，二者水，三者火，四者風。風增，氣起；火增，熱起；水增，寒起；土增，力盛。本從是四病，起四百

〔註41〕《修行本起經．遊觀品》，後漢西域三藏竺大力共康孟詳譯，《大正藏》第3冊，第466頁。

〔註42〕〔宋〕延壽：《宗鏡錄》卷三十一，《大正藏》第48冊，第594頁。

〔註43〕〔明〕傳燈：《維摩詰所說經無我疏》卷四，《卍新續藏》第19冊，第628頁。

〔註44〕《維摩詰所說經》，鳩摩羅什翻譯，《大正藏》第14冊，第539頁。

四病。土屬身，水屬口，火屬眼，風屬耳。火少寒多，目冥。春正月、二月、三月寒多，夏四月、五月、六月風多，秋七月、八月、九月熱多，冬十月、十一月、十二月有風有寒。何以故春寒多？以萬物皆生，為寒出，故寒多。何以故夏風多？以萬物榮華、陰陽合聚，故風多。何以故秋熱多？以萬物成熟，故熱多。何以故冬有風有寒？以萬物終亡熱去，故有風寒。〔註 45〕

四大不調的基本關係有幾點：其一，某一大失衡運作，便產生相應的病相，例如土增力盛，生地性病，病相在身；水增寒起，生水性病，病相在口；火增熱起，生火性病，病相在目；風增氣起，生風性病，病相在耳。其二，如是其中某一大「降」，則意味著其餘三大「升」，由此，四大均不調，生四百四病。其三，相應的時節之氣對應相應的病患，例如春正月、二月、三月寒病多，原因是以萬物皆生，寒氣盛；夏四月、五月、六月風病多，原因是萬物榮華、陰陽合聚，風氣盛；秋七月、八月、九月熱病多，原因是萬物成熟，熱氣盛；冬十月、十一月、十二月有風病有寒病，原因萬物終亡熱去，風寒皆生。

同一原理，明代禪僧弘贊《溈山警策句釋記》亦有闡述，不過其論述方式、語詞已經與印度佛教中所論存在較大差異，形成了中華本土禪宗的重要特色：

夫人攬外地水火風合集成身，共相扶翼，執持命根，住壽一期。然於其中，常相乖順。一大不調，百一病生。四大不調，則四百四病同時俱作。所言大者，謂此四法無處不有，徧諸方域，故稱為大。萬事萬形，皆四大成。在外則為土木山河，在內則為四肢百骸。聚而為生，散而為死。生則為內，死則為外。內外雖殊，而大不異。堅性屬地，即髮毛爪齒皮肉筋骨等，此若不假水，則不和合。濕性屬水，即涕唾精液大小便利等，此若不假地，則便流散。熱性屬火，即身中暖氣，若不假風，則不增長。動性屬風，即出入息，及身之動轉，若無此風，則身不能動轉施為。然此四大，性本無患，以眾緣合集，增損相剋，病患由是而生。故地增則令身沉重，水積則涕唾乖常，火盛則頭胸壯熱，風動則氣息擊沖。即沉重、痰癃、黃熱、氣發之病也。由此四病，則有四百四病生起。風病百一，黃病百一，痰癃病百一，總

〔註 45〕《佛說佛醫經》，吳天竺沙門竺律炎共支越譯，《大正藏》第 17 冊，第 737 頁。

集病百一。如是諸患，無時不生，故曰常相違背。〔註46〕

弘贊《溈山警策句釋記》是對靈佑《溈山警策》的注釋，相應內容較靈佑所言更詳細，故引用此論。主體內容有：一是認為身體由地水火風共相扶翼而組成，四大附著、融匯在「命根」上，形成此整體生命。一旦四大不調，相應疾病即產生。二是說明四大遍一切處，因緣聚於人身，則成就人類生命，緣散分解，則生命終結。三是解說了四大之間的互動相依：「地大」無「水」，則無法黏合；「水大」無「地」，則會流散無法成形；「火大」無「風」，則身體不會增長、轉動；「風大」無「地」，則無所依持附著。四是說了四大之間相剋悖離，病患由此而生：地增則令身沉重，水積則涕唾乖常，火盛則頭胸壯熱，風動則氣息擊沖。具體體現就是沉重、痰癊、黃熱、氣發四大類疾病。按照其基本邏輯，四大相依統合，即身體和順康健；四大相剋悖離，則四百四病叢生。

在禪宗之處，所持四大之說與印度佛教已有差異。首先，相生相剋之理融合了中華文化的五行學說，禪醫對四大之間的相生相剋所談更為詳緻，對四百四病的產生也說得更加精細。其次，禪醫不僅僅談地水火風四大，還談到了四大之所以成為身命的核要元素「命根」，無此命根，四大無所依持、無所聚形。而且，四大實際上是一個整體，表述時可分開，但實際上是與非常精密的「命根」和合在一起，難以割裂而言。總之，此處先說四大不調之病，至於四大為何產生不調？更深刻的原因留待後論。

二、因果業積

疾病產生的第二個重要原因是因果業報。因果業報是佛教的核心思想之一，大致含義是有其因必有其果，善因善果，惡因惡果，因果不可逆轉，只可「不昧」。具體到疾病上，諸多病均是業病。言下之意是此前或前生造作相應業種，故致使如今之疾病。諸多四大不調的根本原因，也可追溯到此前業因。對此原理，《大寶積經》卷五十五有相關闡述：

> 受於此身有二種苦。云何為二？一者眾病集身名為內苦，二者人與非人之所逼惱名為外苦。何者名為眾病集身？所謂眼耳鼻舌咽喉牙齒胸腹手足有諸病生，或復風痫涕唾癲狂乾消、上氣肺逆小便淋瀝、疥癩癰疽痃癖痔瘺、惡瘡膿血煎寒壯熱，種種諸病皆集此身。

〔註46〕〔明〕弘贊注：《溈山警策句釋記》，《卍新續藏》第63冊，第235頁。

復有百一心黃之病、百一風病、百一痰病，風黃痰等和合共起復有百一。如是四百四病逼切其身名為內苦。復有外苦加害此身，所謂或在牢獄撾打楚撻、杻械枷鎖繫縛諸苦，或劓耳鼻及刖手足斫截其頭。不為諸天之所守護，即令非人諸惡鬼神夜叉羅剎而得其便。復為蚊虻蜂等毒蟲之所唼食，寒熱饑渴風雨並至，種種苦惱逼切其身。人中尚爾，況惡道苦難可具說。是故當知，皆由過去諸不善業受如是報。〔註 47〕

此為《大寶積經》中佛陀為阿難講解自身苦受及其根源。云此身苦受有二，其一為眾病集身之內苦，二為人與非人所逼惱之外苦。其中內苦外苦，均可化為種種病苦。而這一切病苦的根源，佛陀講「皆由過去諸不善業受如是報」。言下之意，內在所生之病，由過去種種業因蘊積而成病相；外在看似偶然之毀傷，乃或飛來橫禍，也無不是過去因之造作，因緣聚合，導致那看似偶然的病患傷害。佛教講究三世兩重因果，以此推之，當前病患，必有可知不可知之前因。

從禪宗的全域生命論可知，禪宗當然也是從三世兩重因果視角看待病患的。有其因必有其果，正所謂「貌醜休嫌鏡，病深莫怨醫」〔註 48〕，病患之根源無可推脫或怪罪，更不關醫者，全由自身前因所致。如紫柏真可《答請主法事》云：

比遣果清問訊足下，而足下所答書，意況不甚清朗，想二郎之母，病重擾之耶。大都死生榮辱，皆命所定。夫命業也，業不離心，故外心與業，而論病本者非也。〔註 49〕

雖然如此，正因此全域生命論視野，禪宗認為因果業積並非實體，雖產生作用，但不昧真心自性。如明僧道盛《天界覺浪盛禪師全錄》云：

古亦有悟道知識，臨終業病纏身，苦痛難忍。此但色身受苦，彼真心無有生死苦樂也。如人飲酒必醉，向火必熱，服毒必苦，受割必痛，豈如土木頑石之無知。始為能了生死哉。但當此際自能作主，不受妄想流轉，為可貴耳。果能如此，雖入刀山劍樹，孰能昧滅其真知真見乎？盤再拜曰：「千古生死之關，可於此破矣。」師曰：

〔註 47〕《大寶積經》卷五十五，菩提流志譯，《大正藏》第 11 冊，第 325 頁。

〔註 48〕〔清〕巨翔：《天翼翔禪師語錄》卷上，《嘉興藏》第 40 冊，第 72 頁。

〔註 49〕〔明〕紫柏真可：《紫栢老人集》卷二十三，《卍新續藏》第 73 冊，第 342 頁。

「也須親自參透，親自解脫始得。不然，說時似悟，對境還迷也。」眾惕然。〔註 50〕

道盛的觀點也如前述，認為古今多少學道修禪者，臨終業病纏身，色身之苦無可避免。正如如人飲酒必醉，向火必熱，服毒必苦，受割必痛，豈如土木頑石之無知，乃必然如此。但是，即使如此，如果不昧不迷，彼真心無有生死苦樂也。能了生死，不受妄想流轉。果真到達這種境地，即使入刀山劍樹也無關真心自在，更何況區區病患。當然，道盛也強調，這一切必須親自參透，親自解脫始得。不然，說時似悟，對境還迷。亦如知訥《真心無知》云：

> 或曰：真心與妄心對境時，如何辨別真妄耶？
>
> 祖師云：逆順相爭，是為心病。
>
> 或曰：真心平常無諸異因，奈何佛說因果善惡報應乎？
>
> 曰：妄心逐種種境，不了種種境，遂起種種心。佛說種種因果法，治伏種種妄心須立因果也。若此真心不逐種種境，由是不起種種心，佛即不說種種法。何有因果也？
>
> 或曰：真心平常不生耶？曰：真心有時施用，非逐境生，但妙用遊戲，不昧因果耳。〔註 51〕

不過，此處還是需要辯證地看待禪宗疾病根源論。一方面，疾病毫無疑問由業因所致，而且因果不可轉，只能承受其結果。但另一方面，禪宗的解脫法又發現，即使業因一直造病，掌控人的生命，但是清淨自性是自在自存，不受污染的。一旦確證自性，則可出離三界因果。彼時，還可看清、照破業因及疾病因緣聚散之實質，從而安住於自性本根。

三、自心造病

疾病產生的另一個維度是自心造病。嚴格意義上講，自心造病也是「因果業積」致病的一種，也是「四大不調」的根源之一。身心是一體的，正因為心亂、心迷，才會產生相應的身體反應。無異元來禪師《示吶然上座》云：

> 性天清徹，塵雲而逐於陰晴。慧月孤明，識雨而遷於朗昧。所以情生智隔，想變體殊。示寂毗耶，沉痾馬祖。夫病者萬異，略而有三。何謂三？有不病而病，病中病，病中不病。不病者，謂世欲

〔註 50〕〔明〕道盛：《天界覺浪盛禪師全錄》，《嘉興藏》第 34 冊，第 777 頁。
〔註 51〕〔高麗〕知訥：《真心直說》，《大正藏》第 48 冊，第 1003 頁。

籠罩，苦樂憂煎，侵憂淨體者是也。病中病者，謂汝現所染，更懼生死者是也。病中不病者，謂徹理知命，出生死者是也。昔有僧，問古德云：「和尚今日病，還有不病者麼？」曰：「有。」僧云：「不病者還來看和尚否？」曰：「老僧看他有分者，便是病中不病底樣也。」又云：「病後始知身是苦，健時多為別人忙。老僧自有安閒法，八苦交煎總不妨。」汝當觀察，病是假緣。從業有故，業從妄起，妄從心生。心既無生，病將安寄。〔註52〕

這是無異元來對吶然所講諸病形成之理。一說性天清徹、慧月孤明，奈何情生智隔，想變體殊，故而真性被障礙。二說病有三種：有不病而病，病中病，病中不病。不病者，謂世欲籠罩，苦樂憂煎，侵憂淨體者是也。病中病者，謂汝現所染，更懼生死者是也。病中不病者，謂徹理知命，出生死者是也。三說病是假緣，從妄心生，心既無生，病即消解。這就是典型的自心造病之原理。只不過諸多人不知其原理，故而於無知中造病；或又即使知其原理，又往往未曾自證，故而流於空談空想，反而有成想病。

此原理，明王肯堂《成唯識論證義自序》以唯實之理做了相應解說：

迷一法界，而宛然成二矣，由是能取為見分，所取為相分。見分為自內我，相分為他外我。我相一立而此相遂，為舉意動念之根，於是乎起一念，作一事。雖淑慝攸分，薰蕕各別，而要之同歸於有我。即勉力而修六度萬行，亦凡夫之六度萬行，而非聖人之六度萬行也。流浪生死之海，不得出離，轉徙白黑之塗，無時休息。三教聖人，深知病根在此，故不約而同，曰無我。蓋善醫者，必藥其病根而去之，不得不同焉耳。〔註53〕

意謂但凡心有迷失、隔離，病相即生。而且還拓寬到儒釋道三教的視野看待疾病，認為三教聖人看透了「自心造病」這一病根，故而都不約而同地強調「無我」，既無我，則不受妄心、業心所限，造病根源也就失去了其束縛力。

禪宗文獻中記錄了諸多自心造病的案例。

案例一，病從問處來。《古尊宿語錄》卷二十三載「廣教省禪師」云：

〔註52〕〔明〕無異元來：《無異禪師廣錄》卷二十七，《卍新續藏》第72冊，第348頁。

〔註53〕〔明〕王肯堂：《成唯識論證義自序》，《卍新續藏》第50冊，第829頁。

師因去將息僚看病僧，僧乃問云：「和尚，四大本空，病從何來？」師云：「從闍黎問處來。」其僧喘氣又進云：「不問後如何？」師云：「撒手臥長空。」其僧云：「嗍。」便告寂。〔註 54〕

有僧人病重，廣教禪師前去「將息僚」（大致是僧人臨終安置處）看望。僧人借機以病請教禪理，問既然四大本空，病又從何處來？廣教禪師直指人心：從問處來。意思是但凡起心動念，必然造成相應病相，而這一問，也是心念迷失之動，這就是病所從來。僧人似有所悟。又問：「如果不問，病還生不生？」其實這也是一問。必然還是在原來的心識念頭中，也必然持續造病，僧人的病相和病因一刻也不曾隱藏得了。廣教禪師看得清這一切，直接說「撒手臥長空」。隱意是「如果再這樣問，再這樣迷失，馬上就會死，會墮輪迴」。僧人「嗍」了一聲便入滅。看公案的用意，大致是說廣教禪師善於病處說禪，僧人臨終前終有所悟，瞬間示寂。這是關於自心造病以及如何於造病處當下出離的公案，意趣深刻。也可見禪醫之狠絕高效。

案例二，可看「夜杌為鬼」「杯弓蛇影」。這是人所共知的公案，明僧淨現《象田即念禪師語錄》中有載：

視夜杌意為鬼，杌豈能迷人？睹弓影疑是蛇影，胡為毒客？心怖成境，意疑為病。如能以此推之，則可知四生如幻翳，三界若空華，惟心之旨無外於是矣。〔註 55〕

「杌」即樹枝。意思是，晚上看樹枝覺得是鬼，看杯中弓影誤以為是蛇，驚嚇過度。引申而言就是心怖成境，意疑為病。以此推之，則可以看清一切幻相的本質，發顯清淨自性之智慧妙用。

案例三，可看「思念成疾」。《大慧普覺禪師普說》之二「榮侍郎請普說」有云：

所謂張氏者，為離卿日久，不知父母存亡，念念思憶，以致成病。此來聞山中建般若會，所以特損淨賄修設水陸，請山僧升座說法，以報劬勞莫大之恩。〔註 56〕

意思是張氏離開甚久，不知父母音訊，因思念過度而生病。於是尋求於水陸法會中為親人消災祈福，兼治己病。

〔註 54〕〔宋〕賾藏：《古尊宿語錄》卷二十三，《卍新續藏》第 68 冊，第 155 頁。
〔註 55〕〔明〕淨現：《象田即念禪師語錄》，《嘉興藏》第 27 冊，第 172 頁。
〔註 56〕〔宋〕大慧宗杲：《大慧普覺禪師普說》二，《卍正藏》第 59 冊，第 873 頁。

總體而言，禪宗的病患形成原理主要有四大不調、因果業積、自心造病三大方面。當然，首先，三者間其實是一體的，只不過是探討維度不同。禪宗疾病生成觀的最大的理論基礎是「因果業積」，自心造病、四大不調都由因果業統攝決定。其次，一切病相自有其軌跡，但自性潔淨自存，有心迷失則病生，無心清淨則一切病不礙生命之最終安頓和價值呈現，而且還能很好很徹底地療愈絕大部分身心疾病。故而，禪醫當從全域生命論來看待一切疾病之產生、療愈。

第三節　禪醫的生命療愈理念

一切唯心造，疾病也如是，故而禪宗諸多「禪醫」理念其實並不針對疾病本身，而是直截從心上下工夫分析疾病之根源。禪宗多堅信一旦心執解除，疾病也就消解。當然，禪醫也強調辯證綜合施治，由心及身，由身及心，乃至見性超離。

一、治心淨定

禪宗心性論最大的目標是達成心性的如實呈現，發揮心性的本體力量，以構造出生命的清醒、淨定和有條不紊。其內容之核心可作如下詮釋：

從結構層級上說，禪宗認為人類生命具有最高層級的心性境域。此心性最大的特質是「無規定性」，能照破、呈現一切因緣有無。所謂疾病，在此視野下實是內外因緣聚合的「覺受」，完全可被看破、化解。如《佛祖統紀》所記之三祖僧璨尋求治病：

> 三祖僧璨，初以白衣見二祖。問曰：「弟子身纏風疾，請師懺罪。」祖曰：「將罪來與汝懺。」師曰：「覓罪了不可得。」祖曰：「與汝懺罪竟，宜依佛法僧。」師曰：「今見和上已知是僧，未審何以名佛法？」祖曰：「是心是佛，是心是法。法佛無二，僧寶亦然。」師曰：「今日始知罪性不在內外中間，其心亦然，佛法無二。」祖大器之，即為鬀發具戒。〔註 57〕

這是明顯的二祖慧可向達摩求心安公案的重複運用。慧可將之用到僧璨身上。僧璨來時，最先是因「身纏風疾」而求助。此處風疾病，大致是陰寒風

〔註 57〕〔宋〕志磐：《佛祖統紀》卷二十九，《大正藏》第 49 冊，第 291 頁。

濕、體虛、高血壓、痛風一類的疾病。在古代已屬重症。主要致病原因是心中壓抑、焦灼、負罪感、迷惑等。故而慧可不從病相入手，而直指造病之心念。最後既然「覓罪了不可得」，病根也不復存在。

關於此理，憨山德清曾說：「學人當下一刀兩段，立地便見自性，狂心頓歇，此後再不別求。始悟自家一向原不曾動，此便是知止而後有定的樣子。」〔註 58〕意即心定性淨之時，生命自然生出一種能力，可清晰看透、破除混亂恐慌等心理意識，由此便自有主意，不隨外境、幻緣等動搖。故而現實中的各種心理問題，如果以此思路挖掘、運用禪宗心性論，則可出乎其外而得到化解。

從境界屬性上說，所謂心性的「淨定」不是玄虛死寂，而是面對問題時的冷靜從容。此內容極易引起誤解，認為是置身事外的冷漠無情。然而禪宗的本意是看清、肅清一切裹挾人心的內外力量，以達成生命的澄淨、從容、尊嚴。哪怕面對災難和死亡，生命也能以最冷靜從容的狀態去應對，從而做出正確決斷，得到最佳結果。如圓悟克勤說：「切力行之，自然無思不服。槌拂之下，開發人天，俾透脫生死，豈小因緣？應恬和詞色，當機接引勘對，辯其來由，驗其蹲坐，攻其所偏墜，奪其所執著；直截指示，令見佛性，到大休大歇安樂之場。」〔註 59〕又逍遙翁說：「夫煩惱性，是佛境界。觀煩惱性空，是正修行學人。若止依此，觀練精至，不須求別法也。夫見性之人，十二時中，凡遇逆順境界，心即安然，不隨萬境所轉。一任譭謗於我，我既不受。〔註 60〕這是禪宗極力推崇的生命於一切時中的淨定灑脫。當前生活壓力之下，多數人均身處內心動盪煎熬，才明白淨定的重要性。也只有在冷靜從容的心量下，解決心病才能精準、高效、有條不紊地直指核心。用現在的話來講，心無干擾，才能夠超水平發揮而開啟無限的潛力寶藏。

從實踐方法上說，心性淨定的實現不是空講理論，而是基於程式化、體系化的紮實訓練。禪宗尤其強調要將心性工夫做在實處：「說得一丈，不如行得一尺。說得一尺，不如行得一寸。」〔註 61〕否則面對疾病，即使明白禪理也無法真正淨定下來。唐代無際大師有《心藥方》云：

〔註 58〕〔明〕德清：《憨山老人夢遊集》，《卍新續藏》第 73 冊，第 763 頁。

〔註 59〕〔宋〕圓悟克勤：《圓悟佛果禪師語錄》卷十五，《大正藏》第 47 冊，第 781 頁。

〔註 60〕〔明〕洪蓮：《金剛經批註》卷一，《卍新續藏》第 24 冊，第 769 頁。

〔註 61〕〔宋〕宏智正覺：《宏智禪師廣錄》，《大正藏》第 48 冊，第 34 頁。

> 凡欲齊家、治國、學道、修身、先須服我十味妙藥方可成就。何名十味？慈悲心一片、好肚腸一條、溫柔半兩、道理三分、信行要緊、中直一塊、孝順十分、老實一個、陰騭全用、方便不拘多少。此藥用寬心鍋內炒，不要焦，不要燥，去火性三分，於平等盆內研碎。三思為末，六波羅蜜為丸，如菩提子大。每日進三服，不拘時候，用和氣湯送下。果能依此服之，無病不瘥。切忌言清行濁，利己損人，暗中箭，肚中毒，笑裏刀，兩頭蛇，平地起風波。以上七件，速須戒之。以前十味，若能全用，可以致上福上壽。成佛作祖。若用其四五味者，亦可滅罪延年，消災免患。各方俱不用，後悔無所補，雖扁鵲盧醫，所謂病在膏肓，亦難療矣；縱禱天地，祝神明，悉徒然哉。況此方不誤主雇，不費藥金，不勞煎煮，何不服之？偈曰：此方絕妙合天機，不用盧師扁鵲醫；普勸善男並信女，急須對治莫狐疑。〔註 62〕

無際大師即石頭希遷，拜在六祖之徒青原行思門下，與馬祖道一併稱二師。不過此藥方並未見於石頭希遷語錄著作，有可能是未及輯入，又或是後人託名而撰。但無論如何，總是體現了禪門的醫心藥方及要旨。

當今社會，禪宗心性論經常會被曲解為談玄說妙毫無實用，原因便在於大多數人並未將工夫落實在具體實踐上，而只是臆談理論。〔註 63〕至於實踐方法，諸如觀心、坐禪、參話頭、禪醫武等均是禪宗用來淨治心性者。合理借鑒、取用，極利於淨定心性的呈現，從而培養應對各種災難挑戰和心理壓迫的能力。

上述是禪宗「醫心」理論的部分內容，是禪宗思想生活化、常識化、出世入世一體化的體現。理論上講，在當前社會對人們造成嚴重心理摧殘的語境下，此「醫心論」乃是可加重點挖掘的理論資源。

二、煉身轉化

此處專題詮釋禪宗生命學中「煉身轉化」的觀點乃為析揀出利於身體康養

〔註 62〕〔唐〕希遷：《無際大師心藥方》，見〔明〕宗本：《歸元直指集》下，《卍新續藏》第 61 冊，第 482 頁。

〔註 63〕諸多心理疏導工作者和受疏導者都有這種經驗：單講道理，說「不要去在乎」「要靜下心來」「要理解大局」等常識是不管用的，心中問題依然存在甚至還因此疏導而被刺激得更強烈。原因就在於這些疏導只屬於理論勸解，而未落實在更高層面心性視野上：不但要講清道理，還要以程序性、技術性的手段引導受者進入到心性的體驗上，真正看清、化解心理層面的問題。

的內容，用之於現實。從面上看，許多禪宗文獻都否定或不太關注身體，但其實禪宗極為重視身體的修煉與維護，以求得最終質的轉化，脫離各類病苦的限制。〔註64〕

首先，禪宗強調展現身心不二之威儀。禪宗認為身心一體，經典中也常說「自修心即功，自修身即德」〔註65〕。言下之意，修身修心均是自性功德。身相即心相，身體狀態是內心的語言，多種病相在身，即可知內心也必諸多不淨處，而處理好身體問題，實則就是解決心靈問題。宋僧大慧宗杲在讚歎一位名為「天王光」的僧人時說：「真獅子兒，耽耽虎視。神定氣平，身心不二。悟祖師禪，腳踏實地。橫按摸椰，如是如是。」〔註66〕其言不吝辭色，著力描述僧人身心的平靜從容、生機威嚴。於禪宗而言，當身體轉化時，便有圓滿身相、健康體相，反過來亦然，身體又會促進心性的純化和提升。

其次，禪宗講究修身之功。意即身體是通達本心的工具，身體得以轉化、質變是禪門修學的必要條件。如禪宗對法身、化身、報身三身圓滿的追求，其中便涉及身體的精細質地、變化運用等功能。《大涅槃經》中甚至說：「不修身者，不能具足清淨戒體。」〔註67〕實際上，即使見性開悟，也還面臨著更深層次的業根淨治、生命圓滿。可以說身體的轉化程度決定著業識淨化、生命純化的程度，其指標之一就是身體的健康圓滿、深度煉化。身體發生最終轉化，才不至於受限疾病、欲望。修身之功，還體現在禪宗對醫武的重視。禪醫武直接指向體魄的強健和提升，現今延傳已很少，僅少量寺廟、民間、禪宗典籍中略見行跡，不過也已足夠說明禪宗生命理論中具有豐富的修身資源。現代禪學研究經常忽略禪醫武及相應修身理論，主要原因是這些思想在傳承過程中屢遭斷層，在當代社會中也缺少生存空間。事實上，禪宗修身之功乃源於自性中道觀與入世論，是對孱弱、思慮、疾病、厭世等偏失的對治與矯正。

再次，禪宗同樣也兼取動功療養。有關禪宗注重動功醫養的理論源頭大致有三：一是久坐傷氣傷身，坐禪起坐之後，應當配合以一定的運動、行禪，調

〔註64〕禪宗的最終追求並非身體健康，而是以見性悟道為前提的身體轉化與質變，健康只是其附屬成果之一。儘管如此，禪宗還是十分注重保障身體健康，因其是修道證道用道之利具。

〔註65〕〔唐〕惠能：《壇經》（敦煌本），《大正藏》第48冊，第341頁。

〔註66〕〔宋〕宗杲：《普覺宗杲禪師語錄》，《卍新續藏》第69冊，第648頁。

〔註67〕《大涅槃經》，《大正藏》第12冊，第552頁。

適身心氣血，使之平衡。二是一定程度上要拉伸身體韌帶，培養柔韌性，便宜高效坐禪，也促進身體健康。三是以專門的動功如《易筋經》、八段錦、某些技擊型的體育性質或武術性質的功法，乃至三教合流之後，還吸納了諸多儒道工夫拳術，以此達到身體的煉化，綜合轉化，強身健體的作用。總體而言，禪宗尤其注重見性開悟、心性境界的提升，但客觀上並不否定追求身色的內煉轉化，以及身體外在的健康鍛鍊。由此形成了完整的禪宗煉身文化。

此外，禪宗注重色身無疾而終。無疾而終是禪宗修身有成的重要指標，其目的是避免身體問題影響修行、工作、生活，以及能完美地處理好身後之事。唐代僧臨濟義玄的經歷可做例證。《鎮州臨濟慧照禪師語錄》載：「適丁兵革，師即棄去，太尉默君和於城中舍宅為寺，亦以臨濟為額迎師居焉。後拂衣南邁至河府，府主王常侍延以師禮。住未幾，即來大名府興化寺，居於東堂。師無疾，忽一日攝衣據坐，與三聖問答畢，寂然而逝，時唐鹹通八年丁亥孟陬月十日也。〔註68〕雖經時局戰事之亂，但臨濟義玄從容不迫，乃至滅度，也是絲毫不亂。在此過程中，肉身未對其造成任何限制。反而簡捷乾脆，生死自由。如此煉養身體、處理生死，何嘗不是生命中應該思考的重大社會問題。

禪宗身體觀強調身心的高度一體化，是在兼顧身心圓融的關係中實現身體的轉化，身心交互共進而非單單指向身體。在此理論框架下，身體的健康圓滿其實是心性煉養實踐的產物，而完成身體轉化，則又促進修行、工作、生活，乃至於還可充分活用於展開對他人生命問題的幫助。

三、見性超離

有些病是無法療愈的，或是工夫未到，或是業病不可逆轉。但是如果能夠見性，禪宗也有相應處理方法：因病修行見性，超越病患。

一是因病起修，因病見性，則病也成為善因緣，即所謂「善病」。如明僧牧雲《懶齋別集》卷四之《與陸平叔居士》云：「客歲兩過高齋，叨法供齒頰，至今猶香也。所諭宗鏡一序，碌碌中每念之，旋失之。春仲桃李芳菲之際，不幸得一疾，拘攣逼迫，不可以言。幸因得疾而杜門謝客得閒，得閒而序斯成。雖妍醜不自知，然謂有此可以報命，病之能益人亦奇矣。不獨此也，憶向之行腳時多病，以病求脫生死愈切，以其切故，得囝地一聲。出世時又多

〔註68〕〔唐〕義玄：《鎮州臨濟慧照禪師語錄》，慧然編，《大正藏》第47冊，第506頁。

病，以病而常念靜退，念靜退而畏結援顯者。於今思之，蓋初病者策我見道也。厭苦不深求道不篤也，未病者牖我知幾也，所謂樹高招風，晚食甘於肉，安步穩於車也。人未有生而不病者，乃世間則卜筮醫藥，嗟歎呻吟，徒病而已。若因病而生惕勵，則病未嘗不進乎道也。此學佛人之病有異乎世間之病也，足下學佛者，偶筆及之。」〔註 69〕引文為牧雲和尚寄言陸平叔。大致意思是陸平叔曾向牧雲求序，但牧雲因為瑣事太多，雖記在心上卻無暇理會，最後竟至於無法撰寫。後來得了「拘攣」，大致是指筋骨拘急攣縮、靜脈曲張一類的疾病，屬於邪氣惡血導致。雖然痛苦，但卻因此閉門謝客，有了閑暇，趁機將序言寫成。包括此前行腳時多病，因急於解脫生死而得以突破；後出世又病，故常念靜退，靜退後攀援心明顯減少。牧雲感歎「病能益人」，若因病而生警惕心、精進心，則病也成為助道善因緣。

二是見性則一切病苦都已療愈。清僧行植云：「山僧嘗見人說醫星落在鎮江，所以名醫甚多，四方來就醫者亦不少。山僧恰似個三家村裏窮醫生，外面雖掛了藥牌，店裏並沒有參苓蓯木鬱金牛黃等貴重藥草，只有幾枚芭荳。不管疑難雜病，乃至佛法禪道病，憎凡慕聖病，耽迷著悟病，沉空滯有病，厭喧求靜病，莽蕩豁達病，昏沉散亂病，水浸石頭病，鬼窟裏作活計病，久入膏肓不治病，禪和子八萬里千微細極微細種種毛病，總與他一枚芭荳吃下。忽然將肚腸裏宿物盡情打落，一些氣息也無。既平復後，不得補益太早，順時保重，切宜忌口。何故？自恃無病，猶帶病根在。」〔註 70〕行植借鎮江名醫多、就醫者多的現象說禪。說自己也開了一個藥店，但店中沒有珍貴藥材，只有「幾枚芭荳」（性主瀉，喻見性禪法）。不管什麼怪病，生理的，心理的，一律只用幾枚芭荳做藥，但凡吃下，一切打落，此後便得平復（喻見性清淨）。不過，此時所證還不堅固，尚須耐心保任培煉。

三是即使病患還在，見性即可超脫，不再受病災拘束奴役。如清僧本僼《遠菴僼禪師語錄》卷三載：「茗溪和尚云：『吾有大病，非世所醫，又且如何？既非世所醫，且道教什麼人醫？』秖如山僧有病，教王醫生金明貞下藥，且道與古人是同是別？若向者裏具得隻眼，前段葛藤一時剿絕。其或未然，點石化為金玉易，勸人除卻是非難。」〔註 71〕本僼禪師引用茗溪和尚言語說

〔註 69〕〔明〕牧雲：《嬾齋別集》卷四，《嘉興藏》第 31 冊，第 571 頁。
〔註 70〕〔清〕行植：《鶴林天樹植禪師語錄》，《嘉興藏》第 37 冊，第 753 頁。
〔註 71〕〔清〕本僼：《遠菴僼禪師語錄》卷三，《嘉興藏》第 37 冊，第 347 頁。

自己的病，其中有說迷失之大病，也有說身體之大病，迷失之病，若見性則可醫；身體業病，不可逆轉者，但見性則不復受病體拘役，完全可內心清醒清淨，從另一個層面進行超越。

總之，如若見性，身病心病都能在另一層面解決。這種觀點並不是說永不生病或所有病都能治好，而是禪宗從自性層面整合，部分疾病因此而療愈；即使有些病無法療愈，也能看破其因緣，持守自性之清淨而不迷失，從而不影響自己最終的證悟解脫。

第四節　禪醫的生命療愈案例

傳統禪醫領域記載著諸多有關生命療愈的案例，這些案例未必等同於現代醫學領域的疾病治療，但卻具有自身特色，能夠解決相應時代的諸多身心問題。其中所蘊含的生命理念、技術運用同樣可助益當今生命療愈。

一、化解心執

禪醫最直觀的功能是化解心執著，也就是一般意義上的治療心病、心理問題。其中幾個例子值得關注。

案例一，釋迦牟尼佛解決自身的抑鬱症。諸多人出於宗教情感不願將佛陀與心執聯繫起來。但實際上，從作為具體的人的角度分析佛陀，他早期實際上患了嚴重的抑鬱症。悉達多作為王子，生活養尊處優，所謂名利食色睡均是先天得到了滿足，但是自身心靈極度敏銳、敏感，二十九歲時因見到老人、病人、死人而意識到自己也必然面臨著生老病死，於是陷入敏感、焦灼、抑鬱，開始感到痛苦、悲哀、絕望，對做任何事都沒有興趣。他的自救方式是步入修行，先後求師，苦行，斷食，省悟後喝了牛奶，恢復體力，在菩提樹下入大禪定，經過與心魔的抗爭、降伏，凌晨睹明星而大徹大悟，此後一直往來古印度各地傳播佛法。在這種抑鬱面前，有的人束手無策，無法出離，而佛陀卻以自己真實修行的方式硬生生地開拓出了一條生路，極其可貴。同時，這一思路在當前抑鬱症療愈中值得借鑒。

案例二，央掘魔羅治癒鬱躁症。《央掘魔羅經》載，央掘魔羅原名世間現，生於貧家，其父早亡，世間現相貌俊美。村中有一婆羅門摩尼跋陀羅，學識淵博，世間現拜在其門下學習四毘陀經。一天，摩尼跋陀羅外出，其年輕貌美的妻子對世間現起了欲念，遂行勾引，但被世間現拒絕。美婦未達到目的，便起了恨意。將自己身上抓出抓痕，扯亂衣衫，又捆住自己弔了起來。待到摩尼跋陀羅回家，其妻便誣陷是世間現對自己非禮而為。摩尼跋陀羅信以為真，懷恨在心，遂誘騙世間現要殺千人才能贖罪生天。世間現信了生天之言，並被其師改名為央掘魔羅。央掘魔羅果真殺了九百九十九人，還差一人便足千數。這個過程中，央掘魔羅已經異化成魔。其母親送飯給他，竟要殺了母親湊足千數。幸好佛陀以神通知曉此事，便示現於央掘魔羅前。央掘魔羅轉而持劍欲殺佛陀，佛陀避開並勸誡央掘魔羅。久久之後，「爾時，央掘魔羅即舍利劍，如一歲嬰兒捉火即放，振手啼泣；時，央掘魔羅捨鬘振手發聲呼叫，亦復如是。如人熟眠蛇卒齧腳，實時驚起振手遠擲；央掘魔羅速捨指鬘，亦復如是。爾時，央掘魔羅如離非人所持，自知慚愧，血出遍身，淚流如雨。譬如有人為蛇所螫，良醫為呪令作蛇行；央掘魔羅宛轉腹行三十九旋，亦復如是。」〔註72〕據這一景象描述，央掘魔羅內心已陷入鬥爭癲狂，發瘋似哭嚎，還自我摧殘。平靜下來後跪拜在佛陀面前頂禮祈求歸依，後又聽佛陀之言到母親面前嚎哭懺悔。這就是佛教著名的放下屠刀立地成佛的典故。換個角度而言，這一事例其實是佛教用以化解療愈極端心病的案例。央掘摩羅由於前世業力，今世誤比歧途，一生做了諸多惡事，最終業力發作，表現出極度的鬱躁、破壞力，甚至要殺母親殺佛陀。後來在佛陀神通和佛法灌輸之下，放下屠刀立地成佛，最終平和而成為修行之典型。

案例三，禪宗二祖慧可解決「心未安」。《傳法正宗記》載，達摩一葦渡江後，到了嵩山閉關，同時也名聲大噪。「未幾，洛有沙門號神光者，其為人曠達混世，世亦以為不測之人。及聞尊者風範尊嚴，乃曰：『至人在茲，吾往師之。』光雖事之盡禮，尊者未始與語。光因有感曰：『昔人求道乃忘其身，今我豈有萬分之一。』其夕會雪大作，光立於砌，及曉而雪過其膝。尊者顧光曰：『汝立雪中欲求何事？』神光泣而告曰：『惟願和尚以大悲智開甘露門，廣度我輩。』尊者謂之曰：『諸佛無上妙道，雖曠劫精勤，能行難行，能忍難忍，尚不得至，豈此微勞小効而輒求大法？』光聞誨乃潛以刃自斷左臂置之其前，尊者復請光曰：『諸佛最初求道，為法忘形。汝今斷臂吾前，求亦何在？』光復問曰：『我心未寧，乞師與安。』尊者曰：『將心來，與汝安。』曰：『覓心了不可得。』答曰：『與汝安心竟。』光由是有所契悟。

〔註72〕《央掘魔羅經》卷一，求那跋陀羅譯，《大正藏》第2冊，第520頁。

尊者遂易其名曰慧可。」〔註 73〕這一公案所傳極為普遍，多在賞識慧可為法忘軀，斷臂立雪。事實上，這也是一個療愈心執的代表性公案。慧可原名神光，先是「曠達混世，世亦以為不測之人」，惹下不少仇家；其次是整夜立雪，復又斷臂表明心志，如此得多大的痛苦才能以如此身心劇痛去平息。到了疼到極致，心痛苦到極致，達摩反問一句「將心拿來我與你安」，便致使神光尋找自心，找而不得，原是虛幻，達摩已安心竟。慧可也悟知身心虛幻，果真安心見性。痛苦到極致，正好是化解心執的最佳契機，反詰反觀，往往事半功倍，能夠出離。

案例四，鄺子元療愈「妄想症」。明代江瓘《名醫類案》卷八「顛狂心疾」載：「鄺子元由翰林補外十餘年矣，不得賜還，嘗侘傺無聊，遂成心疾。每疾作，輒昏瞶如夢，或發譫語，有時不作，無異平時。或曰：『真空寺有老僧，不用符藥，能治心疾。』往叩之，老僧曰：『相公貴恙，起於煩惱，生於妄想。夫妄想之來，其幾有三，或追憶數十年前榮辱恩仇，悲歡離合，及種種閒情，此是過去妄想也。或事到跟前，可以順應，即乃畏首畏尾，三番四復，猶豫不決，此是現在妄想也。或期望日後富貴榮華，皆如所願，或期功成名遂，告老歸田，或期望於孫登榮，以繼書香，與夫不可必成、不可必得之事，此是未來妄想也。三者妄想，忽然而生，忽然而滅，禪家謂之幻心。能照見其妄，而斬斷念頭，禪家謂之覺心。故曰：不患念起，惟患覺遲。此心若同太虛，煩惱何處安腳？』又曰：『相公貴恙，亦原於水火不交，何以故？凡溺愛冶容而作色荒，禪家謂之外感之欲，夜深枕上思得冶容，或成宵寐之變，禪家謂之內生之欲。二者之欲，綢繆染著，皆消耗元精。若能離之，則腎水滋生，可以上交於心。至若思索文字，忘其寢食，禪家謂之理障，經綸職業，不告劬勞，禪家謂之事障。二者之障，雖非人欲，亦損性靈。若能遣之，則心火不致上炎，可以下交於腎。故曰：塵本相緣，根無所偶，返流全一，六欲不行。』又曰：『苦海無邊，回頭是岸。』子元如其言，乃獨處一室，掃空萬緣，靜坐月餘，心疾如失。」〔註 74〕這是較為典型的以禪家醫理療愈心執的案例。鄺子元由翰林之位補外職十多年，期間被淡忘，不受重用，不予調回朝廷，於是無聊煩悶，導致產生心疾。其疾病的表現是平時無異，然而發病時昏瞶如夢，或胡言亂語。於是求助於真空寺老僧。老僧「不

〔註 73〕〔宋〕契嵩：《傳法正宗記》，《大正藏》第 51 冊，第 742 頁。

〔註 74〕〔明〕江瓘：《名醫類案》卷八，中國中醫藥出版社，1996 年，第 548 頁。

用符藥，能治心疾」，謂之此病「起於煩惱，生於妄想」以及「水火不交」，且以禪家理念謂之三際本空，以禪定、斷欲之法即可療治。鄺子元於是獨處一室，清空萬緣，一心靜坐，月餘即心疾消失。此處重在「心疾」之療愈，雖有「坐禪療愈」之方，也主要歸為心疾之類闡述。

二、坐禪祛病

坐禪本是為了輔助見性解脫，但這一過程中同時也具備煉化身命，使之符合生命圓滿的標準，祛除疾病的健康環節。故而在歷朝歷代，坐禪也成為促進身體健康、療愈疾病的有效方法。關於此，禪宗《石雨禪師法檀》卷二十有人論及：「安禪結制，原是好肉挖瘡，以世無生知必待挖瘡而醫藥，瘡愈而後知全體之妙有，瘡未愈而遂廢醫藥者，如大事未明而便忽規繩也。」〔註 75〕又云：「而體弱之人，疾病生焉。疾病生而工夫歇，豈不欲速反遲。」〔註 76〕由此明確可認識到坐禪的重要功能，能除身心疾病。關於坐禪除病，有數則案例較為知名。

案例一，元揆禪師坐禪療愈沉痾痢疾。明末清初的元揆自述：「夏畢，登九華禮地藏聖蹟。入浙中路途疲困，又用心過甚，而身體失調。以飲食不時，寒暑未均之間，遂染沉痾痢疾。至湖州長興縣，病沉重矣。晝夜行瀉六十餘次，九死一生，命在旦夕。對主事僧，將隨身衣缽託以薪水之助，即冥心立誓於佛祖曰：此生無緣，參禪不遂，至此而已，倘蒙加被，不昧正因再來。參罷即撿點此身乃四大合成，病從何受？本有靈光何嘗痛癢？咬定牙關隱忍，一坐至五鼓，病覺漸退。」〔註 77〕元揆禪師主要是勞累焦慮，致使重度痢疾腹瀉，後萬緣放下，發願清理，參禪打坐，使得身體漸愈。

案例二，虛雲禪師坐禪療愈濕寒及口鼻大小便諸孔流血諸病。據《虛雲和尚全集》載：「至大通獲港後，又沿江行。遇水漲，欲渡，舟子索錢六枚，予不名一錢，舟人逕鼓棹去。又行，忽失足墮水浮沉一晝夜。流至采石磯附近，漁者網得之，喚寶積寺僧認之。僧固赤山同住者，驚曰：『此德清師也！』舁至寺救蘇，時六月二十八日也。然口鼻大小便諸孔流血。居數日，逕赴高旻。知事僧見容瘁，問：『有病否？』曰：『無。』乃謁月朗和尚。詢山中事

〔註 75〕〔明〕明方：《石雨禪師法檀》，《嘉興藏》第 27 冊，第 153 頁。
〔註 76〕〔明〕石成金：《禪宗直指》，《卍新續藏》第 63 冊，第 768 頁。
〔註 77〕〔清〕元揆：《一揆禪師語錄》卷十二，定祿等編，《嘉興藏》第 37 冊，第 500 頁。

後，即請代職。予不允，又不言墮水事，只求在堂中打七。高旻家風嚴峻，如請職事拒不就者，視為慢眾。於是表堂，打香板，予順受不語，而病益加劇，血流不止，且小便滴精。以死為待在禪堂中，晝夜精勤，澄清一念，不知身是何物。經二十餘日，眾病頓愈。旋采石磯住持德岸送衣物來供，見容光煥發，大欣慰，乃舉予墮水事告眾，皆欽歎。禪堂內職不令予輪值，得便修行。從此萬念頓息，工夫落堂，晝夜如一，行動如飛。」〔註78〕虛雲和尚前往高旻寺參與打七路上落入水中，淹了一晝夜，獲救後「口鼻大小便諸孔流血」，後又被寺廟打香板，病更加重，血流不止，且小便滴精。經過二十多天的精進坐禪，病乃痊癒，且容光煥發，行動如飛。

案例三，蔣維喬靜坐療癒體弱多病。近人蔣維喬自幼體弱多病，甚至多次瀕臨死亡，後有機緣修習天台、禪門靜坐之法，身心逐漸得到改觀。再後又因生活不規律、無節制而身體出現衰退、多病，又重新勤奮修習靜坐法，並撰成《因是子靜坐法》流傳甚廣。他自述經歷云：「靜坐之繼續。年二十二娶妻以後，自以為軀體較健於昔，靜坐之術，即委棄不復為，而又不知節欲，於是舊時諸疾俱作，加以飲食不節，浸成胃擴張病，食管發炎如熾，益以嘈雜，時時思食，食至口，又厭不欲食。友人多勸余靜養，余猶以為無傷也，遲回不決。至己亥之春，仲兄岳莊，以患肺疾死。其明年庚子，余亦得咳嗽疾，未幾，即咯血；服舊醫之湯藥，病轉劇，三月不愈。乃大懼，恐蹈亡兄覆轍。於是摒除藥物，隔絕妻孥，別居靜室，謝絕世事，一切不問不聞，而繼續其靜坐之功，時年二十八也。」〔註79〕他認為靜坐於祛病極為有效，而且也因靜坐而療愈多種病症。儘管蔣維喬並沒有從禪修見性、安頓身心的角度論述靜坐，且其靜坐兼取道家內丹、天台禪門靜定，但從今天的客觀理性思維視之，確實有其科學性和實用性。

三、藥石施治

禪宗典籍中記錄著不少以藥石針灸等施治而療愈諸疾病的案例。

案例一，消食。永明延壽《心賦注》載：「明旦，遽有詔命，既對，適遇大官進食。有餻糜一器，上以一半賜晉公。食之美，又以賜之，既而腹脹。歸私第，召醫者視之，曰食物所擁，宜服少橘皮湯，至夜可啖漿水粥，明日

〔註78〕淨慧編：《虛雲和尚全集・年譜》，中州古籍出版社，2009年，第26頁。
〔註79〕蔣維喬：《因是子靜坐法》，商務印書館，1918年，第33頁。

愈。」〔註 80〕這是「吃多了」不消化，腹脹，解決方法是服用少量的橘皮湯，晚飯只吃粥類，第二天就已消食。

案例二，釋法藏醫治病僧。「釋法藏，俗姓周氏，南康人也。稺齡爽俊始研尋史籍，而於醫方明得其工巧，同支法存之妙用焉。有門僧臥疾，幾云不救。藏切脈處方，信宿平復。」〔註 81〕釋法藏精於醫方明，寺中僧人病重，法藏診脈開方治療，不久即痊癒。

案例三，天台僧慧思借藥助修。云：「我今入山修習苦行，懺悔破戒障道重罪，今身及先身是罪悉懺悔。為護法故求長壽命，不願生天及餘趣。願諸賢聖佐助我，得好芝草及神丹，療治眾病除饑渴。常得經行修諸禪，願得深山寂靜處。足神丹藥修此願，藉外丹力修內丹。欲安眾生先自安，己身有縛能解他縛，無有是處。」〔註 82〕慧思借助芝草、神丹、外丹療治眾病，輔助修行，這已經和民間偏方、道醫等充分融合。

案例四，李修從沙門學習眾方，針灸授藥，治病救人。「李修，字思祖，本陽平館陶人。父亮，少學醫術，未能精究。世祖時，奔劉義隆於彭城，又就沙門僧坦研習眾方，略盡其術，針灸授藥，莫不有效。徐兗之間，多所救恤，四方疾苦，不遠千里，竟往從之。」〔註 83〕李修所學醫理、針灸、授藥等，源自於僧家，後李修以之救恤四方。

案例五，清規所記治體生惡臭之法。「凡病重，每有臭惡之氣，須用艾葉蒼朮、松柏葉等，用文火微微煙薰，不致延害餘人。」〔註 84〕此為禪門清規所記，如果僧人病重至體臭太盛，則用艾葉蒼朮、松栢葉等，用文火微微煙薰，進行消毒除臭，而且能避免疾病傳染。

案例六，不非時食法。「非時者，過日午非僧食之時分也。諸天早食，佛午食，畜生午後食，鬼夜食。僧宜學佛，不過午食。餓鬼聞碗缽聲，則咽中火起，故午食尚宜寂靜，況過午乎。昔有高僧聞鄰房僧午後舉爨，不覺涕泣，悲佛法之衰殘也。今人體弱多病，欲數數食者，或不能持此戒。故古人稱晚食為藥石，取療病之意也。必也知違佛制，生大慚愧。念餓鬼苦，常行悲濟。不

〔註 80〕〔宋〕延壽：《心賦注》卷一，《卍新續藏》第 63 冊，第 93 頁。
〔註 81〕〔宋〕道原：《宋高僧傳》卷二十，《大正藏》第 50 冊，第 840 頁。
〔註 82〕〔陳〕慧思：《南嶽思大禪師立誓願文》，《大正藏》第 46 冊，第 791 頁。
〔註 83〕杜斗城輯編：《正史佛教資料類編》第 1 冊，甘肅文化出版社，2006 年，第 80 頁。
〔註 84〕〔清〕儀潤：《證義百丈叢林清規證義記》卷七，《卍新續藏》第 63 冊，第 493 頁。

多食，不美食，不安意食，庶幾可耳。如或不然，得罪彌重。噫，可不戒歟。」〔註 85〕過午不食本為遵佛制，然根據中國禪宗具體情況，有些寺廟或禪僧也用晚餐，這就形成了要少食晚餐的要求。少食，既能克制欲望又能減少身體負擔，故說「晚食為藥石」，有療病之效。總體而言，在禪門，如何飲食也是一種療疾養生之法。

四、誦念懺願

誦念懺願也是禪宗療愈方式之一。

案例一，杜思訥發心誦《金剛般若經》病癒。「杜思訥者，京兆城南人也，任潞州銅鍉，縣尉。考滿之後，年登七十。又染瘦病，日漸虛羸。當時名醫，咸謂難濟。雖加藥餌，診候未瘳。時權瓘注得漢州司功之任，就別臨訣之際，詞氣淒涼曰：『雖是生離，即成死別。『然宿心正信，發始深誠，遂謂瓘曰：『唯發願誦《般若經》，將希生路。遂即發心誦《金剛般若經》。不逾時月，漸覺瘳愈。懇誠彌勵，屢見光明。瓘後入京，訥已痊復。靜惟福力，不可思議。」〔註 86〕大意是杜思訥日漸消瘦孱弱，雖當時名醫而束手無策，後發心誦持《般若經》，月餘逐漸轉好，後乃至痊癒。在禪宗視野中，有些病並非單一是身病、心病，還可能涉及業病，故而誦持經典，身心俱靜的同時，又兼消除業惑，故能療愈。

案例二，孫皓拜懺療腫疾。「吳主孫皓不敬佛法毀廢寺宇，詰康僧會曰：『佛言善惡報應可得聞乎？』會曰：『明主以孝道治天下，則赤烏翔老人見（漢書，南極老人星）則治安；以仁德育萬物，則醴泉湧嘉禾生。善既有徵，惡亦如之。他日宿衛治圃得金像，皓使置穢處灌以不潔，俄得腫疾。占者云：『坐犯神。』皓悟迎像供事，請會說法，禮拜悔罪，受五戒，疾獲愈。」〔註 87〕此例說吳主孫皓廢佛毀寺，還將佛像放在髒穢處以不淨物澆之，遂得浮腫之病。後來卜算，得知是犯了不敬神佛之罪。遂請康僧會說法，禮拜懺悔，並受五戒，腫疾果然痊癒。這則案例必然是為宣揚因果報應，尊崇佛法而編設，但也體現了整體佛教以及禪宗的某些療愈觀。可作為參考。

總言之，禪宗並非專門的醫學體系，但具有非常豐富的醫藥學思想和實踐經驗。一方面，禪宗被視為「醫心之學」，具有諸多專門化解心執，見性證

〔註 85〕〔明〕雲棲袾宏：《雲棲法彙》，《嘉興藏》第 32 冊，第 589 頁。
〔註 86〕〔唐〕孟獻忠：《金剛般若經集驗記》卷上，《卍新續藏》第 87 冊，第 456 頁。
〔註 87〕〔宋〕志磐：《佛祖統紀》卷三十五，《大正藏》第 49 冊，第 332 頁。

性的方法；二是禪宗也以特定的藥石針灸治療身病；三是對於某些業病，禪宗也會用懺悔發願等形式療愈。由於其形式多變，綜合施治，故而效果也極為獨特。禪醫療愈論是在特定語境下產生、豐富而成的中華醫學系統的重要構成元素，於今仍具有重要借鑒價值。

結語　禪宗生命學的傳承與化新

禪宗生命學最大的規定性是以禪的視野探討生命、關懷生命，前述自性本根論、全域生命論、修道次第論、般若解脫論、生死關懷論、禪醫療愈論雖已可見其主體內容，但顯然並非全部，它的結構應該是靈活而具有彈性的，內容應該是隨著時代語境演變而持續性豐富的。故而，諸多有關禪宗生命學的問題還有待進一步展開探討。

一、如何持續建構禪宗生命學

前述「六論」，主要是針對禪宗生命學而設的理論構架和主體內容，是看得見的，讀得到的，但同時也是相對固定的，多立足於表相的。實際上，真正的禪宗生命學的核心是黏合這些理論構架和內容元素的「內義」，是研究者、探討者、施用者自我修養的提升、自我禪境的精進。從目前世界各地的生命學現狀看，其實已經基本做到了各種文化體系的充分融匯貫通。比如說精神分析、存在主義、人本主義，乃至超個人心理學，以及近現代的新儒家、新道學、新唯識學等，均是古今中外各種文化精髓之融匯。可是，真正能催動生命學發展並在社會生活中起到積極作用的，不是一種理論到底有多宏大或多全面，而是持有者、學習者的個人生命境界。一言以蔽之，生命學或禪宗生命學之「道」已經現成地擺在那裏，理論整合只是呈現其「道」的形式之一，而真正使一種理論具有生命力，使之「活起來」的根本，還在於人們能否與之相應，能否體現真正的生命之道，以及能否在現實生活中有效施用。

從禪宗史的記載以及現實生活經歷可知，生命證境和理論造設之間並沒有絕對的正反比關係。心明如鏡者，善修善學者，雖無文字成果，但總能在純心之間瞥見自性生命真相，如惠能，專心砍柴、純心舂碓而已。也有學富五車者，如德山宣鑒擔著一擔《青龍疏鈔》出蜀，欲駁斥「南方魔子」，滅其種類，去澧陽路上，卻被賣點心的老婆子一句「過去心不可得，現在心不可得，未來心不可得，你點的是哪顆心」給儆詰住了。須知文字本為世用而設，能見道，也能障道，能悟人，也能迷人。從當今學術界來說，迷了別人的幾率很小，因為純學術的書不太有人看；但迷了自己的事，卻時時在發生。如此便是作繭自縛，還用心將繭做得極為精美漂亮，不知於人於己，於諸佛祖師應如何交代？

我所能做者，實際上只是將自己的理解組合、呈現出來，以期給相關研究人員，或有心探索自我生命者作參考。我認為，如要真正建立、完善、運用禪宗生命學，以下幾方面的內容還須持續推進建構。

首先，以中華文化語境下的禪宗主體性為主線，吸取各文化關於生命方面的優長，建立傳統文化視域中的當代生命自覺。我毫不掩飾自己的這種意圖。我所修學，本就是根源於中華優秀傳統文化，如不是中華傳統文化之道的教導、滋養，我必然還是那種滿是往外尋逐，滿是往內對抗的盲動者。學習中華優秀傳統文化，會使一個人自信起來，心胸寬廣起來，言行張弛有度起來。這種效應，正是文化自信的體現。中華傳統文化在近現代以後飽受西方意識形態的傾軋，而且連中華文化培育出來的部分近現代精英也轉過身來施以重擊。這何其悲哀！根源還在於他們沒有真正以中華傳統文化修煉身心，沒有建立起真正守護「自身文化生命」的使命感、主體意識，反而但見一時堅船利炮、一時發展之利，便棄家不顧，轉投他門。禪宗生命學可以清晰地分析、看清這些現象背後的真相，培養其文化自信、民族正氣，喚起人們的中華文化主體意識自覺！故而，在我看來，於整體的中華傳統文化視野下建構《禪宗生命學》，是中華知識分子的使命和責任；同時也是自我品格完善、生命境界提升的自覺之舉。

其次，還需在自性淨定方面做足工夫。禪宗生命學，以禪為核心而關懷生命，而這一切的關鍵點是證見清淨自性，故而於自性淨定工夫不可不學，不可不煉。禪的精神理念的傳承，必須落在實處。一方面，是對禪學思想的繼承學習。禪的理論系統極為龐大，而且是中華文化充分融合的產物，學習禪學乃是在掘取中華文化的精粹，也是對自身精神修養的提升。另一方面，是要深入瞭解、修學禪定，使之在見性、療愈身心方面起到積極作用。須知禪宗的諸多知識、理念、體悟，是靠禪定工夫來心心相印、隔代跨越式相傳的。這兩方面的積累不夠，所謂對禪宗生命學的理解，必然只會流於表層。正如《林間錄》中說：「如今學者，多不信自心，不悟自心，不得自心明妙受用，不得自心安樂解脫。心外妄有禪道，妄立奇特，妄生取捨。縱修行，落外道二乘禪寂斷見境界。」〔註 1〕延伸所指，即是未充分修學理入、行入，理未悟透，禪定也未修透，故未真正體證自心妙義，自性智慧。工夫不足，即使修行，最終還是會落入外道二乘見解，自誤誤人。

再次，隨說隨破，無中生有，立而又破。建立一個如此繁瑣的框架且繁瑣地去論述，無形中便立起了一種文字相。在寫作過程中，我隨時會察照自己的心念：或厭倦，或焦躁，或無所謂；寫完之後，我更會看看自己有無自滿，所寫是否如實之類。實際上，文章根本就藏不住作者的心境和意圖，我明顯還是貪多了，而又未在精細處做足工夫。我於無中生出如此一部著作，當更應時時在此書之中覺察己心，立而又破，以免更增執持。

總之，禪宗生命學之持續建構，還體現在須以生命建構禪宗生命學，又以禪宗生命學浸潤生命。應如是安心，專心，用心，在研究中成就自己。我一直積極貫徹在做事中修煉，尤其是在寫作中。我覺得寫作真的是一種很厲害的調心利具，不但可以讓我徜徉在學問海洋中專心、安心創作，還可讓我借著寫作理清心思，真實體貼中華文化內義。多年來，我最有效的學習方式其實是寫作，我的心性也隨著寫作而同步成長。很多東西，初寫時並不懂，寫完了，也就明白了。做到上述種種，才能使禪宗生命學的理論活起來，繼而進入良序的自動建構。

二、禪在當今又可創生些什麼

禪學依然是當今中國極為重要的文化形態，它與中華文化融匯不分的特質，已經使自己融入了中華民族文化血脈。在當代社會，禪依然可以綻放其耀眼光芒。其中有三方面可重點加以闡述。

一是展現禪在當代社會中生生不息的中華文化之道。中華民族的特殊心理結構，催生了不同於印度佛教的別傳禪宗。呂澂說：「禪宗是佛學思想在中國的一種發展，同時也是一種創作。在印度的純粹佛學裏固然沒有這個類型。」〔註 2〕鈴木大拙說：「禪不可能在任何其他土地和人民間生長，而且也

〔註 1〕〔宋〕惠洪：《林間錄》，《卍續藏》第 87 冊，第 274 頁。

〔註 2〕呂澂：《中國佛學源流略講》，中華書局 2008 年版，第 381 頁。

只有在中國人的土地上得以如此繁茂。」〔註3〕據這一理念而言，禪所融匯、展現的，乃是中華文化之特有精神。而且，這一精神，乃即中華文化生生不息之道。《周易》云：「生生之謂易，成象之謂乾，效法之謂坤。」〔註4〕生生，就是永恆生機的萌生。《道德經》云：「道生之，德畜之，物行之，勢成之。」〔註5〕這種生生不息的生命力量以各種各樣的形式表現、創生出來，新舊相替換輝映，精彩紛呈。當代之禪，就是此永不停息的內在生命力的形態之一，同時，也就是中華民族血脈深處的文化之「根」。如今發展前沿科技也好，提升生活質量也好，淨化生命質地也好，不就是為了契證這中華大道，使生命暢快無礙，光輝潔淨地綻放？

二是反觀自我，撫慰、療愈各種生命問題。現代人生活資料充裕，生產方式豐富，絕大多數情況下，生存、溫飽已不再成為首要追求，而如何生活得更有生命質量則擺在了眼前。同時，現代社會也建構了強大的信息網、算法等，這種科技式生活能夠更便利地為人們提供網絡通信、物質生產等利好，但同時也更利於控制個體的人，個體的人在無知和迷茫中成為一粒可以被隨時調動、遙控和毀滅的塵埃，被裹挾著忽東忽西。個體欲望和社會欲望被無限放大，集體的瘋狂與病態，個體的變異與無助，更加明顯而深沉。一旦個體未覺察到自己的存在，必然被個體無明、社會無明裹挾而毫無反應；一旦覺察到自己的存在而無能為力改變，則更是在對斥中變得瘋狂、脆弱。而禪，就是要告訴你，在這個天地宇宙、國際環境、現實社會中，還有一個弱小但同樣在發光發熱、無可替代的你，如此才能發顯個體的存在價值，進而思考如何更高效、更智慧地融入全體，或是智慧地進退，尋找最適合自己的生命存在方式。當然，更宏觀地看，個體生命問題、社會生命問題的產生乃至瘋狂有其特定原因，天欲令其亡，必先令其狂。這也是天道在加速淘汰某些滯後、層級較低的事物，逼迫人們轉向更為平和，更為開闊的生命境界過渡。這些混亂與痛苦，本質上可以提供更多的契機，令人反省自身的生命狀態。但凡自修、自救，順應天道者昌，悖逆天道者亡。從這一角度來觀照自我，進而安心、淨性，調適生命，才能實現生命進程中的自救救人。具有這一視

〔註3〕〔日〕鈴木大拙著：《禪：答胡適博士》，現代佛教學術叢刊②．禪學論文集》，大乘文化出版社1976年10月版，第236頁。

〔註4〕〔明〕來知德：《周易集注》，九州島出版社2004年版，第622頁。

〔註5〕容肇祖輯：《王安石老子注輯本》，中華書局1979年版，第45頁。

野，禪就可以被合理的繼承和運用，具體到心理疾病矯治、身體病患療愈、親密關係維護、日常生活統籌、生死問題釋疑等領域，禪都能煥發巨大作用。這其實是更高一個層次的「自性運作」，能使人真正意義上實現自我反觀，自我覺解，安心、淨心，乃至於撫慰療愈各種生命問題。

三是以禪超教派的智慧內義促進世界各種文明的深度交往交流。一個國家，一個民族，一種文化，就是一個更大的「自我」，但凡自我，必然以我為尊，會與他者產生張力。文化與文化之間的「文明衝突」，國與國之間的利益衝突，都是這樣產生的。以什麼樣的視角和什麼樣的媒介來增進交往交流，相互理解且相互成就？這是禪可以發揮巨大作用的地方。禪的精神甚至不必借用任何一種宗教形態而存在，它的實質不過就是「當下的精神」，在此層面，禪最易與他種文化發生深度的理解和交流，與任何一種文化體系都不存在背斥。正如近人王恩洋說：「如吾人發揚固有之文化以消化西洋文明，而進取佛法，則其能己立立人，己達達人，率世界人類以共入光明之途。」〔註 6〕此觀點不但堅持了中華文化的主體性，更重要的是已提倡己立立人，己達達人，使全世界人類共入光明之途。這是相互理解、相互成就，相互和平共處的共同價值追求。例如，目前，禪已與印度瑜伽、西方心理學，乃至各種生命學理念發生深度融合及交往交流。由於這種深層共通性，國際社會無形中減少了諸多矛盾，增進了相互之間的文化認同。

總之，禪最先立足於整體生命價值觀，在此背景下成就個體的生命境界，完成個體生命與整體生命的互通互融。基於此，便具備適應當前語境，解決當前問題的本有智慧，從而能根據具體問題開發、化用，服務於個體生命的健康、飽滿和安頓，乃至於社會生命的淨化、創生和良序運作。

三、關於禪宗生命諮詢的思考

針對目前西式心理諮詢的普遍運用、實際效果，以及提升視野，建立中華文化自身生命關懷體系的時代需求，筆者倡舉「生命諮詢」。其主因有三：

首先，中西方生命學的融匯已在呼喚新的生命關懷形態。西式「心理諮詢」以及中華文化對生命的關懷、療愈已經提供了大量理論和實踐資源，中華文化喜談「生命」「心」而一般不單獨說「心理」；「生命之說」「心學」其實包含身體、心理、性體三大維度，而「心理」雖也與身體、性體關聯，但

〔註 6〕《海潮音》，第 16 卷第 10 號，第 1316 頁。

終究在心理一層相對獨立；筆者以中華文化為根，並力圖凸顯其文化主體性，故而試以中華文化視野和習慣立「生命諮詢」〔註7〕之言。此「生命諮詢」，直接指向整體生命的關懷、管理、療愈等，而非單獨的心理一隅。

其次，在此領域建立「文化生命主權」。凡一切思想理論，都屬意識形態範疇，雖說均屬人類社會共有的精神財富、文化資源，但其背後涉及難以覺察的政治、軍事、經濟等綜合實力的助推，是以不同文化之間一定有國度、族別等利益界限；形成於西方的「心理諮詢」，其基本構架幾乎都基於西方文化價值觀土壤，當然也就包含著與其餘文化體系的話語權爭奪等隱形元素。毫無疑問，心理學自產生以來也對中華文化造成了巨大衝擊，目前中華但凡與心理、心性有關的領域，都還是依附於心理學而作為主要表達範式。故而，建構能夠支撐中華生命文化自立的「生命諮詢」乃是絕大多數當代中華知識分子的天然情結。況且，這看似不起眼的隱性領域，卻涉及一個國家、民族的「文化生命主權」乃至國際地位高低，是以不可不立，不可不爭。

再次，拓寬解決生命問題的思路和視野。有的生命問題並不單獨基於現代醫學、心理學、科學等的土壤而生成，簡單運用現代醫學、心理學、科學視野有時候並不能突破自身，因此也無法有效地解決相應問題。而且，醫學、心理學、科學往往是在各自領域相對獨立，尚未做到真正的融為一體。因而從「生命諮詢」的整體文化視野對之展開探討、會通，最終形成具有中華文化主體性的「生命諮詢」體系，乃是實現孤立學科視野突破的一種嘗試。由於此處所論乃是禪宗生命諮詢，故下文以禪宗生命諮詢為主線略述中華文化視野下的「生命諮詢」內涵。

第一，從整體的全域生命論認知生命。對生命的認知，直接決定了生命諮詢的深度、廣度，以及所採用的方法技術。本研究自稱「生命諮詢」，實是因從全域生命論認知生命的來源、結構、種類、運作原理、如何造作苦厄以及如何修行解決問題等。這些內容在前文已有明確詳盡的論述，尤其是闡述了有「自性」的存在，則更是全域生命論中實現「生命諮詢」突破的核心鎖鑰。按其基本理路，解構主體我後，清淨無染的自性就得以呈現。這一自性本來面目，是生命的最究竟層次，是無染的終極境界，是生命賴以解脫的根本依據，它之所以無法顯現，是因「主體」作為一種強大的理性力量形成了阻礙，一旦主體解構，終極自性就自然解放，生命就獲得了真正意義上的自

〔註7〕筆者有時也會從「中華心學」的視野加以闡述。

由。禪宗的生命諮詢就是立足於這一層面的中華文化智慧的當代轉化運用。

第二，繼承特定的修道方法而化用為生命諮詢的現代方法。單獨認知生命的全域性以及自性的存在還不足以解決生命問題，這點上，禪宗通過一系列修行方法來實現。也就是說，自性並不是一種邏輯語言結構下的概念範疇，不是靠語義分析憑空產生的推論結果，而是經過幾千年來無數實踐者的親自實證才得出、傳承。就筆者所知而言，全世界各種文化中恐怕還沒有哪一種文化的修行體系能和中華文化相比。超個人心理學派代表人物肯·威爾伯說：「真正重要的是見性、開悟、只管打坐、證入本覺、智慧，這些都是福柯、德里達、利奧塔等人無法提供的。」〔註 8〕禪宗是中華文化中修行文化極為發達的佼佼者，其中的修行體系，幫助人從個體突破到自性，乃至全域生命境域。一旦有此修道方法依持並付諸實踐，則生命問題的解決，以及生命境界的超越也就成為可能。具體而言，一旦見性，諸多心理疾病在自性視野中便成為因緣聚散、虛幻執持，從而自然解構；一旦深入禪定，身心生機勃發，經脈通暢，精壯神足，諸多頑疾如孱弱、三高、痛風等，諸多重症如腫瘤、器官衰竭等，便具有了強勁的後續生命能量洗煉、灌溉，故而相應疾病也就自然消解。禪宗修道方法的建立和運用，目的本為見證自性以及提升生命質地，但卻能夠附帶著解決諸多困擾醫患的身心問題。關鍵是今人如何如實修學，如何靈活化用。

第三，關注生命從生到死的全過程。中華生命文化既關注生的健康圓滿程度，也關注死亡的質量。一般文化視野中，生命認知多限於「生——死」之間，中華文化包括禪宗，一是深入探討了生的價值意義和實現方式，二是探討了死亡之後的歸所、情景。西方心理學中當然也有將死亡學融入心理諮詢者，以死諫生，從而減少死亡對生存者的心理衝擊。相比之下，禪宗在這方面的內容要更系統深入一些，除了之前所述兩方面，還在確證自性的基礎上具體建構了死亡的技術，以及如何在死亡之時按照禪修方法或中陰解脫，或轉世投胎等內容。在此視野下，禪宗「生命諮詢」已能夠更加宏觀、更加多維地認知和處理生命問題。

第四，強調中華優秀傳統文化的傳承、轉化及重構其文化主體性，並盡可能整合現代科技、西方心理學。中華文化歷經數千年的建構、沉澱，形成了一

〔註 8〕〔美〕肯·威爾伯：《一味》，胡因夢譯，深圳報業集團出版社，2010 年，第 346 頁。

個以儒釋道為主幹的龐大系統。其中內容極其豐富，只不過沒有現代學科意義上的明確學科類分。這雖然並不利於集中瞭解某一專題，但因此也將每一個問題都置於宏大的理論框架下尤其是宏偉的中華生命觀下來看待，故而也在很多具體學科無法突破的地方實現了創新。某些在心理學中不能解決的生命問題，置於中華文化語境下，尤其是「道性」視野下，卻能輕而易舉化解。這是由中華文化的全域生命視野同時也是中華文化自信的大視野決定的。社會發展到今天，中華文化更愈展現出了其優越性。因此以之為主體文化語境建立中華文化式的「生命諮詢」體系極有必要，是中華文化生命力的重顯，也是時代之呼聲。當然，西方「心理諮詢」的優越性已經人所共見，勢必要將之化入中華文化生命諮詢體系中充分吸收、會通，才能夠使「生命諮詢」更加全面深入、更具有針對性、條理性和時代性。

新時期禪宗生命諮詢體系的建構，不但可以整合西方心理諮詢的優長，更能挖掘禪學的傳統資源，續接其優秀傳統文化，並且還可使中國禪學的傳統形式結合最新語境而發生現代轉化。另外，禪宗生命諮詢可針對生命問題，立足於生命的自性視野而靈活設計解決方案，在解決生命問題的同時也就是確證自性。當然，禪宗生命諮詢並不是幾條理論綱要就能夠建構成型，而是要在理論綱要之下展開演繹，在具體的諮詢案例中進一步檢驗自己，同時也以具體案例進一步豐富其諮詢理論及實踐體系。建構和提倡禪宗生命諮詢，乃是為了化用於當前種種生命問題而專設的技術運用。正如心理諮詢，先是診測種種病相、病源，繼而設計調整療愈之法。禪宗生命諮詢，其精要在見相即見心，照見病患之業力和下意識，呈現其如何凝結成病的過程。具體而言，可先從心執層面梳理清楚，看清病症之緣聚緣散，繼而設計相應的調心療愈、禪定療愈或是禪醫針灸藥石療愈。禪宗生命諮詢因其深及自性、廣及中外諸家文化體系，所以往往入處徹底且思路開闊。尤其是如今人們動輒焦慮抑鬱，家庭、婚姻、子女教育、職場關係等矛盾叢生，詳如女性多凝結成乳腺癌、宮頸癌，男性則多是腎衰竭、胰腺癌、肝癌、肺癌、三高等，均可清楚發現其病根源，且以相應的方法補足、保健、療愈。

總之，禪宗生命學乃傳統禪文化與當今各種生命關懷文化的深度融合，禪宗生命學之建立，實是針對人性而設，是為解決生命過程中的困苦而生。尤其是禪宗視野中的「自性本根」，如果得以確證，則更是具有了普遍意義上的生命價值、生命安頓。加之對禪定的修習傳承，則更可深層認知生命，更加有效地療愈、管理生命。在此意義上，筆者延伸思考，倡舉「生命諮詢」，希望能在此過程中既助益詢問者，也提升施授者。同時，也對禪宗生命學形成實質性建構。

參考文獻

一、叢書或類書

1. 〔日〕高楠順次郎、渡邊海旭、小野玄妙等主編：《大正藏》，東京：大正新修大藏經刊行會（大正一切經刊行會），1934 年。
2. 〔日〕前田慧雲、中野達慧等主編：《卍新續藏》，新文豐出版社，1983 年。
3. 〔明〕紫柏、密藏、袁了凡等主編：《嘉興藏》，國家圖書館，2016 年。
4. 〔明〕朱棣修，姚廣孝、雪軒道成、一庵一如、棲岩慧進等編：《永樂北藏》，線裝書局，2001 年。
5. 〔清〕雍正、乾隆等修：《乾隆藏》，中國書店，2007 年。
6. 〔清〕文淵閣《四庫全書》（印影版），臺灣商務印書館，1982～1986 年。
7. 漢文大藏經補編編委會：《中國漢文大藏經補編》，文物出版社，2013 年。
8. 中華大藏經編輯局：《中華大藏經》，中華書局，1996 年。
9. 中華電子佛典協會：《電子佛典集成》（CBETA），2018 年。
10. 杜潔祥主編：《中國佛寺史志彙刊》，丹青圖書公司，1980～1985 年。
11. 方廣錩整理：《藏外佛教文獻》，中國人民大學出版社，2008 年。
12. 杜斗城輯編：《正史佛教資料類編》，甘肅文化出版社，2006 年。

二、印度佛教經論

1. 《長阿含經》，《大正藏》第 1 冊。
2. 《中阿含經》，《大正藏》第 1 冊。
3. 《雜阿含經》，《大正藏》第 2 冊。

4.《增壹阿含經》，東晉罽賓三藏瞿曇僧伽提婆譯，《大正藏》第 2 冊。
5.《雜寶藏經》，《大正藏》第 4 冊。
6.《佛本行集經》，隋天竺三藏闍那崛多譯，《大正藏》第 3 冊。
7.《金剛經》，《大正藏》第 8 冊。
8.《般泥洹經》，《大正藏》第 1 冊。
9.《大涅槃經》，《大正藏》第 12 冊。
10.《大乘入楞伽經》，《大正藏》第 37 冊。
11.《大寶積經》，玄奘、菩提流志、義淨等譯，《大正藏》第 11 冊。
12.《華嚴經》（四十卷本），般若譯，《大正藏》第 10 冊。
13.《大方廣佛華嚴經》，《大正藏》第 9 冊。
14.《方廣大莊嚴經》，《大正藏》第 3 冊。
15.《勝天王般若波羅蜜經》，《大正藏》第 8 冊。
16.《金剛三昧經》，《大正藏》第 9 冊。
17.《首楞嚴經》，《大正藏》第 19 冊。
18.《菩薩瓔珞本業經》，竺佛念譯，《大正藏》第 24 冊。
19.《修行本起經》，後漢西域三藏竺大力共康孟詳譯，《大正藏》第 3 冊。
20.《佛說觀無量壽佛經》，畺良耶舍譯，《大正藏》第 12 冊。
21.《維摩詰經》，《大正藏》第 14 冊。
22.《佛說佛醫經》，吳天竺沙門竺律炎共支越譯，《大正藏》第 17 冊。
23.《摩訶般若波羅蜜經》，鳩摩羅什譯，《大正藏》第 8 冊。
24.《央掘魔羅經》，求那跋陀羅譯，《大正藏》第 2 冊。
25.《大梵天王問佛決疑經》，《卍新續藏》第 1 冊。
26.《大乘理趣六波羅蜜多經》，《大正藏》第 8 冊。
27.《心經》，玄奘譯，《大正藏》第 8 冊。
28.《佛說眾許摩訶帝經》，法賢譯，《大正藏》第 3 冊。
29.《白衣金幢二婆羅門緣起經》，施護等譯，《大正藏》第 1 冊。
30.《頻婆娑羅王經》，《大正藏》第 1 冊。
31.《中陰經》，後秦涼州沙門竺佛念譯，《大正藏》第 12 冊。
32.《悲華經》，北涼天竺三藏曇無讖譯，《大正藏》第 3 冊。
33.《出曜經》，姚秦涼州沙門竺佛念譯，《大正藏》第 4 冊。
34.《大智度論》，鳩摩羅什譯，《大正藏》第 25 冊。

35. 《十住毘婆沙論》，鳩摩羅什譯，《大正藏》第 26 冊。
36. 《成唯識論》，《大正藏》第 31 冊。
37. 《十八空論》，龍樹造，陳天竺真諦譯，《大正藏》第 31 冊。
38. 《三無性論》，真諦譯，《大正藏》第 31 冊。
39. 《解脫道論》，《大正藏》第 32 冊。
40. 《天竺國菩提達摩禪師論》，方廣錩整理，《藏外佛教文獻》第 1 冊。
41. 《立世阿毘曇論》，真諦譯，《大正藏》第 32 冊。
42. 《付法藏因緣傳》，元魏西域三藏吉迦夜共曇曜譯，《大正藏》第 50 冊。
43. 《阿毘曇毘婆沙論》，《大正藏》第 28 冊。
44. 《金剛般若論》，（隋）南印度三藏達磨笈多譯，《大正藏》第 25 冊。
45. 《菩薩本生鬘論》，《大正藏》第 3 冊。
46. 《大乘起信論》，《大正藏》第 32 冊。
47. 《金剛仙論》，《大正藏》第 25 冊。
48. 《治禪病祕要法》，宋居士沮渠京聲譯，《大正藏》第 15 冊。

三、中國佛教典籍

1. 〔晉〕僧肇：《肇論》，《大正藏》第 45 冊。
2. 〔晉〕慧遠：《觀無量壽經義疏》，《大正藏》第 37 冊。
3. 〔梁〕僧旻、寶唱等：《經律異相》，《大正藏》第 53 冊。
4. 〔梁〕寶唱：《名僧傳抄》，《卍新續藏》第 77 冊。
5. 〔梁〕僧祐：《釋迦譜》，《大正藏》第 50 冊。
6. 〔梁〕達摩：《菩提達摩大師略辨大乘入道四行觀》，《卍新續藏》第 63 冊。
7. 〔梁〕達摩：《南天竺國菩提達摩禪師觀門》，《大正藏》第 85 冊。
8. 〔梁〕達摩：《無心論》，《大正藏》第 85 冊。
9. 〔梁〕達摩：《血脈論》，《卍續藏》第 63 冊。
10. 〔梁〕達摩：《觀心論》，《大正藏》第 85 冊。
11. 〔梁〕慧皎：《高僧傳》，《大正藏》第 50 冊。
12. 〔陳〕慧思：《諸法無諍三昧法門》，《大正藏》第 46 冊。
13. 〔陳〕慧思：《南嶽思大禪師立誓願文》，《大正藏》第 46 冊。
14. 〔隋〕僧粲：《信心銘》，《大正藏》第 48 冊。
15. 〔隋〕智者：《觀音玄義》，《大正藏》第 34 冊。

16.〔隋〕智者：《金光明經玄義》，《大正藏》第 39 冊。
17.〔隋〕智者：《金剛般若經疏》，《大正藏》第 33 冊。
18.〔唐〕道信：《入道安心要方便法門》，見《楞伽師資記》，《大正藏》第 85 冊。
19.〔唐〕弘忍：《最上乘論》，《大正藏》第 48 冊。
20.〔唐〕惠能：《壇經》，《大正藏》第 48 冊，第 347 頁。
21.〔唐〕惠能（託名）：《金剛經解義》，《卍新續藏》第 24 冊。
22.〔唐〕一行：《大毘盧遮那成佛經疏》，《大正藏》第 39 冊。
23.〔唐〕法藏：《華嚴經探玄記》，《大正藏》第 35 冊。
24.〔唐〕玄應：《一切經音義》，《中華藏》第 57 冊。
25.〔唐〕義玄：《鎮州臨濟慧照禪師語錄》，慧然集，《大正藏》第 47 冊。
26.〔唐〕慧光：《大乘開心顯性頓悟真宗論》，《大正藏》第 85 冊。
27.〔唐〕良價：《瑞州洞山良價禪師語錄》，郭凝之編集，《大正藏》第 47 冊。
28.〔唐〕希運：《黃檗斷際禪師宛陵錄》，《大正藏》第 48 冊。
29.〔唐〕希運：《黃檗山斷際禪師傳心法要》，《大正藏》第 48 冊。
30.〔唐〕本寂：《撫州曹山本寂禪師語錄》，郭凝之編，《大正藏》第 47 冊。
31.〔唐〕懷海：《百丈懷海禪師廣錄》（《四家語錄》卷三），《卍續藏》第 69 冊。
32.〔唐〕窺基：《成唯識論述記》，《大正藏》第 43 冊。
33.〔唐〕窺基：《瑜伽師地論略纂》，《大正藏》第 43 冊。
34.〔唐〕宗密：《禪源諸詮集都序》，《大正藏》第 48 冊。
35.〔唐〕佚名：《歷代法寶記》，《大正藏》第 51 冊。
36.〔唐〕龐蘊：《龐居士語錄》，《卍續藏》第 69 冊。
37.〔唐〕淨覺：《楞伽師資記》，《大正藏》第 85 冊。
38.〔唐〕孟獻忠：《金剛般若經集驗記》，《卍新續藏》第 87 冊。
39.〔唐〕宗密：《禪源諸詮集都序》，《大正藏》第 48 冊。
40.〔唐〕道一：《馬祖道一禪師廣錄》，《卍續藏》第 69 冊。
41.〔唐〕道一：《馬祖語錄》，邢東風輯校，中州古籍出版社，2008 年。
42.〔唐〕淨覺：《楞伽師資記》，見《大正藏》第 85 冊。
43.〔唐〕石頭希遷：《參同契》，《大正藏》第 48 冊。
44.〔唐〕神秀：《大乘無生方便門》，《大正藏》第 85 冊。

45.〔唐〕大顛：《般若心經批註》，《卍新續藏》第 26 冊。
46.〔唐〕李通玄：《新華嚴經論》，《大正藏》第 36 冊。
47.〔唐〕李師政：《法門名義集》，《大正藏》第 54 冊。
48.〔唐〕牛頭法融：《心銘》，見《景德傳燈錄》卷三十，《大正藏》第 51 冊。
49.〔唐〕道宣：《續高僧傳》，《大正藏》第 50 冊。
50.〔唐〕道世：《法苑珠林》，《大正藏》第 53 冊。
51.〔唐〕玄覺：《證道歌》，《大正藏》第 48 冊。
52.〔唐〕智周：《大乘入道次第》，《大正藏》第 45 冊。
53.〔唐〕吉藏：《三論玄義》，《大正藏》第 45 冊。
54.〔唐〕佚名：《通一切經要義集》，見韓傳強：《禪宗北宗敦煌文獻錄校與研究》，江蘇人民出版社，2018 年。
55.〔宋〕賾藏：《古尊宿語錄》，《卍新續藏》第 68 冊。
56.〔宋〕延壽：《宗鏡錄》，《大正藏》第 48 冊。
57.〔宋〕道原：《景德傳燈錄》，《大正藏》第 51 冊。
58.〔宋〕守端：《白雲守端禪師語錄》，《卍續藏》第 69 冊。
59.〔宋〕紹曇：《五家正宗贊》，《卍新續藏》第 78 冊。
60.〔宋〕延壽：《心賦注》，《卍新續藏》第 63 冊。
61.〔宋〕原妙：《高峰原妙禪師禪要》，《卍續藏》第 70 冊。
62.〔宋〕普濟：《五燈會元》，《卍續藏》第 80 冊。
63.〔宋〕契嵩：《傳法正宗記》，《大正藏》第 51 冊。
64.〔宋〕慧霞：《重編曹洞五位》，《卍新續藏》第 63 冊。
65.〔宋〕廓庵：《十牛圖頌》，《卍新續藏》第 64 冊。
66.〔宋〕匡真：《雲門匡真禪師廣錄》，守堅集，《大正藏》第 47 冊。
67.〔宋〕慧南：《黃龍慧南禪師語錄》，《大正藏》第 47 冊。
68.〔宋〕志磐：《佛祖統紀》，《大正藏》第 49 冊。
69.〔宋〕癡絕：《癡絕和尚語錄》，行彌、紹甄、智圓等編，《卍新續藏》第 70 冊。
70.〔宋〕智昭：《人天眼目》，《大正藏》第 48 冊。
71.〔宋〕正受：《嘉泰普燈錄》，《卍新續藏》第 79 冊。
72.〔宋〕崇岳：《松源崇岳禪師語錄》，《卍續藏》第 70 冊。
73.〔宋〕法泉：《證道歌頌》，《卍續藏》第 65 冊。

74.〔宋〕正覺：《宏智禪師廣錄》，《大正藏》第 85 冊。
75.〔宋〕義青：《投子義青禪師語錄》，道楷編，《卍新續藏》第 71 冊。
76.〔宋〕宗曉：《樂邦遺稿》，《大正藏》第 47 冊。
77.〔宋〕雪竇重顯：《明覺禪師語錄》，惟蓋竺、允誠等編，《大正藏》第 47 冊。
78.〔宋〕圓悟克勤：《圓悟佛果禪師語錄》，《大正藏》第 47 冊。
79.〔宋〕睦庵善卿：《祖庭事苑》，《卍新續藏》第 64 冊。
80.〔宋〕知禮：《金光明經玄義拾遺記》，《大正藏》第 39 冊。
81.〔宋〕善昭：《汾陽無德禪師語錄》，《大正藏》第 47 冊。
82.〔宋〕方會：《楊岐方會和尚後錄》，《大正藏》第 47 冊。
83.〔宋〕契嵩：《六祖大師法寶壇經贊》，《大正藏》第 48 冊。
84.〔宋〕克勤：《圓悟佛果禪師語錄》，紹隆等編，《大正藏》第 47 冊。
85.〔宋〕克勤：《佛果圜悟禪師碧巖錄》，《大正藏》第 48 冊。
86.〔宋〕淨善：《禪林寶訓》，《大正藏》第 48 冊。
87.〔宋〕普寂：《五燈會元》，《卍新續藏》第 80 冊。
88.〔宋〕法雲：《翻譯名義集》，《大正藏》第 54 冊。
89.〔宋〕文沖：《智覺禪師自行錄》，《卍新續藏》第 63 冊。
90.〔宋〕贊寧：《宋高僧傳》，《大正藏》第 50 冊。
91.〔宋〕正受：《嘉泰普燈錄》，《卍續藏》第 79 冊。
92.〔宋〕贊寧：《宋高僧傳》，《大正藏》第 50 冊。
93.〔宋〕祖琇：《隆興佛教編年通論》，《卍新續藏》第 75 冊。
94.〔宋〕真淨克文：《寶峰雲庵真淨禪師住廬山歸宗語錄》，福深錄編，見《古尊宿語錄》，《國家圖書館善本佛典》第 48 冊。
95.〔宋〕雪峰慧空：《福州雪峰東山和尚語錄》，慧弼編，《卍新續藏》第 69 冊。
96.〔宋〕法演：《法演禪師語錄》，惟慶編，《大正藏》第 47 冊，第 666 頁。
97.〔宋〕密庵咸傑：《密庵和尚語錄》，崇岳、了悟等編，《大正藏》第 47 冊。
98.〔宋〕惠洪：《林間錄》，《卍續藏》第 87 冊。
99.〔元〕覺岸：《釋氏稽古略》，《大正藏》第 49 冊。
100.〔元〕天如惟則：《淨土或問》，《大正藏》第 47 冊。
101.〔元〕道泰：《禪林類聚》，《卍新續藏》第 67 冊。

102.〔元〕橫川行珙：《橫川和尚語錄》，本光等編，《卍新續藏》第 71 冊。
103.〔元〕念常：《佛祖歷代通載》，《大正藏》第 49 冊。
104.〔元〕智徹：《禪宗決疑集》，《大正藏》第 48 冊。
105.〔元〕明本：《天目明本禪師雜錄》，《卍續藏》第 70 冊。
106.〔元〕元長：《千巖和尚語錄》，嗣詔輯，《嘉興藏》第 32 冊。
107.〔元〕善俊等：《禪林類聚》，《卍續藏》第 67 冊。
108.〔元〕元賢：《禪林疏語考證》，《卍新續藏》第 63 冊。
109.〔元〕如瑛：《高峰龍泉院因師集賢語錄》，《卍新續藏》第 65 冊。
110.〔明〕鮑宗肇述：《天樂鳴空集》，蕅益智旭訂，《嘉興藏》第 20 冊。
111.〔明〕圓澄：《會稽雲門湛然澄禪師語錄》，《卍新續藏》第 72 冊。
112.〔明〕無異元來：《博山和尚參禪警語》，成正集，《卍新續藏》第 63 冊。
113.〔明〕瞿汝稷：《指月錄》，《卍新續藏》第 83 冊。
114.〔明〕通潤：《楞嚴經合轍》，《卍續藏》第 14 冊。
115.〔明〕法藏：《三峰藏和尚語錄》，《嘉興藏》第 34 冊。
116.〔明〕曾鳳儀：《楞嚴經宗通》，《卍新續藏》第 16 冊。
117.〔明〕宗喀巴：《菩提道次第廣論》，民族出版社，2001 年。
118.〔明〕南石文琇：《南石和尚語錄》，宗謐、良玓等編，《卍新續藏》第 71 冊。
119.〔明〕法藏：《三峰藏和尚語錄》，弘儲編，《嘉興藏》第 34 冊。
120.〔明〕宗泐：《般若波羅蜜多心經批註》，《大正藏》第 33 冊。
121.〔明〕真哲：《古雪哲禪師語錄》，《嘉興藏》第 28 冊。
122.〔明〕普莊：《呆庵莊禪師語錄》，《卍新續藏》第 71 冊。
123.〔明〕明方：《石雨禪師法檀》，淨柱編，《嘉興藏》第 27 冊。
124.〔明〕古庭善堅：《古庭祖師語錄輯略》，《嘉興藏》第 25 冊。
125.〔明〕明雪：《入就瑞白禪師語錄》，寂蘊編，《嘉興藏》，第 26 冊。
126.〔明〕道盛：《天界覺浪盛禪師全錄》，《嘉興藏》第 34 冊。
127.〔明〕弘贊：《溈山警策句釋記》，《卍新續藏》第 63 冊。
128.〔明〕王肯堂：《成唯識論證義自序》，《卍新續藏》第 50 冊。
129.〔明〕淨現：《象田即念禪師語錄》，《嘉興藏》第 27 冊。
130.〔明〕正傳：《龍池幻有禪師語錄》，圓悟、圓修等編，《乾隆藏》第 153 冊。
131.〔明〕函可：《千山剩人和尚語錄》，《嘉興藏》第 38 冊。

132.〔明〕郭凝之：《教外別傳》卷五，《卍新續藏》第 84 冊。
133.〔明〕郭凝之：《潭州溈山靈佑禪師語錄》，《大正藏》第 47 冊。
134.〔明〕牧雲：《嬾齋別集》，《嘉興藏》第 31 冊。
135.〔明〕傳燈：《永嘉禪宗集注》，《卍新續藏》第 63 冊。
136.〔明〕傳燈：《維摩詰所說經無我疏》，《卍新續藏》第 19 冊。
137.〔明〕密雲圓悟：《密雲怡禪師語錄》，道忞編，《乾隆藏》第 154 冊。
138.〔明〕法藏：《三峰藏和尚語錄》，弘儲編，《嘉興藏》第 34 冊。
139.〔明〕本善：《天真毒峰善禪師要語》，《嘉興藏》第 25 冊。
140.〔明〕宗本：《歸元直指集》，《卍新續藏》第 61 冊。
141.〔明〕廣真：《吹萬禪師語錄》，三山燈來編，《嘉興藏》第 29 冊。
142.〔明〕憨山德清：《憨山老人夢遊集》，《卍新續藏》第 73 冊。
143.〔明〕紫柏真可：《紫柏尊者全集》，《卍新續藏》第 73 冊。
144.〔明〕紫柏真可：《紫栢老人集》，《卍新續藏》第 73 冊。
145.〔明〕蕅益智旭：《阿彌陀經要解》，《大正藏》第 37 冊。
146.〔明〕蕅益智旭：《靈峰蕅益大師宗論》，《嘉興藏》第 36 冊。
147.〔明〕雲棲祩宏：《雲棲法彙》，《嘉興藏》第 32 冊。
148.〔明〕雲棲祩宏：《禪關策進》，《大正藏》第 48 冊。
149.〔明〕天隱圓修：《天隱和尚語錄》，《嘉興藏》第 25 冊。
150.〔明〕永覺元賢：《永覺和尚廣錄》，道霈重編，《卍新續藏》第 72 冊。
151.〔明〕徹庸周理：《曹溪一滴》，《嘉興藏》第 25 冊。
152.〔明〕淨柱：《五燈會元續略》，《卍新續藏》第 80 冊。
153.〔明〕恕中無慍：《恕中和尚語錄》，居頂等編，《卍新續藏》第 71 冊。
154.〔明〕明方：《石雨禪師法檀》，《嘉興藏》第 27 冊。
155.〔明〕石成金：《禪宗直指》，《卍新續藏》第 63 冊。
156.〔明〕重興隆琦隱元等輯，獨往等編訂續修：《黄檗山寺志》，見杜潔祥主編：《中國佛寺史志彙刊》第三輯第 4 冊，丹青圖書公司，1985 年。
157.〔明〕晦山戒顯：《禪門鍛鍊說》，《卍新續藏》第 63 冊。
158.〔清〕通理：《楞嚴經指掌疏》，《卍新續藏》第 16 冊。
159.〔清〕性音：《續燈正統》，《卍新續藏》第 84 冊。
160.〔清〕性音：《宗鑒法林》，《卍續藏》第 66 冊。
161.〔清〕錢伊庵：《宗範》，《卍續藏》第 65 冊。

162. 〔清〕唐時編：《如來香》，《國家圖書館善本佛典》第 52 冊。
163. 〔清〕真在：《徑石滴乳集》，《卍新續藏》第 67 冊。
164. 〔清〕聶先：《續指月錄》，《卍續藏》第 84 冊，第 55 頁。
165. 〔清〕為霖道霈：《為霖禪師雲山法會錄》，《卍新續藏》第 72 冊。
166. 〔清〕徐昌治：《高僧摘要》，《卍新續藏》第 87 冊。
167. 〔清〕弘贊：《六道集》，《卍新續藏》第 88 冊。
168. 〔清〕智證：《慈悲道場水懺法隨聞錄》（《慈悲水懺法》），《卍新續藏》第 74 冊。
169. 〔清〕行省：《虛舟省禪師語錄》，超直編，《嘉興藏》第 33 冊。
170. 〔清〕超溟：《萬法歸心錄》，《卍新續藏》第 65 冊。
171. 〔清〕彭際清：《居士傳》，《卍新續藏》第 88 冊。
172. 〔清〕破山海明：《示文靖馬居士》，《破山禪師語錄》卷八，印正編，《嘉興藏》第 26 冊。
173. 〔清〕超永：《五燈全書》，《卍新續藏》第 82 冊。
174. 〔清〕徐昌治：《高僧摘要》，《卍新續藏》第 87 冊。
175. 〔清〕圓鼎：《滇釋紀》，《雲南叢書・子部》卷二十九，雲南圖書館藏本。
176. 〔清〕性圓、旋璣等編：《法璽印禪師語錄》，《嘉興藏》第 28 冊。
177. 〔清〕萬如通微：《萬如禪師語錄》，行猷等編，《嘉興藏》第 26 冊。
178. 〔清〕福慧：《嵩山野竹禪師語錄》，《嘉興藏》第 29 冊。
179. 〔清〕性統：《續燈正統》，《卍新續藏》第 84 冊。
180. 〔清〕性統：《五家宗旨纂要》，《卍新續藏》第 65 冊。
181. 〔清〕神鼎雲外：《雲外禪師語錄》，《嘉興藏》第 33 冊。
182. 〔清〕真益願：《勸修淨土切要》，《卍新續藏》第 62 冊。
183. 〔清〕行悅：《列祖提綱錄》，《卍續藏》第 64 冊。
184. 〔清〕悟進：《介庵進禪師語錄》，真化等編，《嘉興藏》第 29 冊。
185. 〔清〕通理：《楞嚴經指掌疏》，《卍新續藏》第 16 冊。
186. 〔清〕觀衡：《紫竹林顓愚衡和尚語錄》，《嘉興藏》第 28 冊。
187. 〔清〕通醉：《錦江禪燈》，《卍新續藏》第 85 冊。
188. 〔清〕超溟：《萬法歸心錄》，《卍新續藏》第 65 冊。
189. 〔清〕周克復：《觀音經持驗記》，《卍新續藏》第 78 冊。
190. 〔清〕巨翔：《天翼翔禪師語錄》，《嘉興藏》第 40 冊。

191.〔清〕淨符：《宗門拈古彙集》，《卍新續藏》第 66 冊。
192.〔清〕行植：《鶴林天樹植禪師語錄》，《嘉興藏》第 37 冊。
193.〔清〕本僼：《遠菴僼禪師語錄》，《嘉興藏》第 37 冊。
194.〔清〕元揆：《一揆禪師語錄》，定祿等編，《嘉興藏》第 37 冊。
195.〔清〕儀潤：《證義百丈叢林清規證義記》，《卍新續藏》第 63 冊。
196.〔清〕照衣：《慧覺衣禪師語錄》，徹御等編，《嘉興藏》第 35 冊。
197.〔清〕如一：《即非禪師全錄》，明洞、性安等編，《嘉興藏》第 38 冊。
198.〔清〕僧升：《天岸升禪師語錄》，《嘉興藏》第 26 冊。
199.〔清〕道領：《黔靈赤松領禪師語錄》，寂源編錄，《嘉興藏》第 39 冊。
200.〔清〕善鬱：《翼庵禪師語錄》，《嘉興藏》第 37 冊。
201.〔清〕石奇通雲：《雪竇石奇禪師語錄》，《嘉興藏》第 26 冊。
202.〔清〕清遠：《舒州龍門佛眼和尚語錄》，《國家圖書館善本佛典》第 48 冊。

四、其餘古籍

1.〔戰國〕莊周：《莊子》，郭慶藩集釋，中華書局，1961 年。
2.〔晉〕郭象：《庚桑楚》，見《莊子集釋》卷八上，中華書局，1961 年。
3.〔北齊〕魏收：《魏書》，見《正史佛教資料類編》第 1 冊。
4.〔唐〕孫思邈：《千金翼方》，清光緒四年景元大德梅溪書院本。
5.〔新羅〕元曉：《涅槃經宗要》，《大正藏》第 38 冊。
6.〔高麗〕知訥：《真心直說》，《大正藏》第 48 冊。
7.〔宋〕宋自遜：《漁樵笛譜》，趙萬里：《校輯宋金元人詞》，國家圖書館，2003 年。
8.〔宋〕黄休復：《茅亭客話》，見文淵閣《四庫全書》· 子部十二 · 小說家類二 · 異聞，臺灣商務印書館印影版，第 1042 冊。
9.〔明〕來知德：《周易集注》，九州島出版社，2004 年。

五、近現當代國內外著作

1. 呂澂：《中國佛學源流略講》，中華書局，2008 年。
2. 蔣維喬：《因是子靜坐法》，商務印書館，1918 年。
3. 杜繼文、魏道儒：《中國禪宗通史》，江蘇人民出版社，2007 年。
4. 方立天：《中國佛教哲學要義》，中國人民大學出版社，2002 年。

5. 淨慧主編：《虛雲和尚全集》，中州古籍出版社，2009 年。
6. 葛兆光：《禪宗與中國文化》，上海人民出版社，1991 年。
7. 傅偉勳：《死亡的尊嚴與生命的尊嚴》，北京大學出版社，2006 年。
8. 陸揚：《死亡美學》，北京大學出版社，2007 年。
9. 覺雲：《心經奧義》，宗教文化出版社，2008 年。
10. 金木水：《悉達多的心理學——對現代心理學說「不夠」》，海南出版社，2017 年。
11. 張源俠：《空鏡救心：中國禪與現代心裏診療》，中國戲劇出版社，2005 年。
12. 洪修平：《禪宗思想的形成與發展》，江蘇古籍出版社，2000 年。
13. 董群：《惠能與中國文化》，貴州人民出版社，2001 年。
14. 何建明：《佛法觀念的近代調適》，廣東人民出版社，1998 年。
15. 〔德〕叔本華：《作為意志和表象的世界》，石沖白譯，商務印書館，1982 年。
16. 〔美〕C. S. 霍爾：《弗洛伊德心理學入門》，謝洪恩等譯，商務印書館，1985 年。
17. 〔美〕肯·威爾伯：《一味》，胡因夢譯，深圳報業集團出版社，2010 年。
18. 〔瑞士〕榮格：《心理學與煉金術》，普林斯頓大學出版社，1957 年英文版。
19. 〔日〕鈴木大拙、〔美〕弗洛姆、〔美〕馬蒂諾：《禪與心理分析》，孟祥森譯，海南出版社，2019 年。
20. 〔日〕鈴木大拙，〔德〕弗洛姆：《禪與心理分析》，中國民間文藝出版社，1986 年。
21. 〔日〕鈴木大拙：《禪：答胡適博士》，《現代佛教學術叢刊 2·禪學論文集》，大乘文化出版社，1976 年。

六、期刊論文

1. 霍韜晦：《立足原典，重新消化》，見《現代佛學》，中國社會科學出版社，2003 年。
2. 《海潮音》第 16 卷第 10 號。
3. 唐思鵬：《佛教的生死觀》，《國學論衡》2007 年第 4 輯。

4. 溫金玉:《自性即佛的人格本體論——禪宗倫理研究之二》,《道德與文明》1992 年第 5 期。
5. 劉軍、繆家福:《佛教的生命觀——日本池田大作〈論生命〉一書介紹》,《法音》1988 年第 1 期。
6. 彭富春:《禪宗的心靈之道》,《哲學研究》2007 年第 4 期。
7. 李琳:《佛家的禪定般若與現代精神生態平衡》,《敦煌學輯刊》2010 年第 1 期。
8. 吳正榮:《慧能的「淨土禪」觀新論》,《船山學刊》2010 年第 2 期。

後　記

三十年來尋劍客，幾回落葉又抽枝。生命真的是這世間最深奧的學問和最廣袤的領域！人們來來往往，作作歇歇，一倏忽幾十年就流淌而過，但好像並無幾人能夠真正做到悟透、閑玩般超離其中某種命運力量的牽引！於我而言，幾十年間，幻夢般攪動了幾重心海，閒玩般造作了數堆文字。妻子說我真是能作能折騰，本可早早安住於某處小城，專心耕耘自己的方寸天地，卻偏偏不願停歇。我先是從普洱折騰到昆明，再到玉溪、江西、北京，每個地方都生活了好幾年；期間讀書，習禪，教書，再讀書，最後做學問；後來安家於昆明鬧世，又搬到呈貢，再到滇池邊，瞎忙得不亦樂乎！再折騰，下一站可能就只好歸隱我大無量山之心了。當然，《禪宗生命學》是在如此折騰的間隙專心狀態下寫出的！

《禪宗生命學》尚顯粗糙，不過卻是我二十餘年來一直在思考、積累的領域。初接觸學術時，先是標榜做「生命文學」「心理學」，淺嘗輒止；後來讀碩士，跟著導師們做「生死學」「生命哲學」，碩士論文是《禪宗生命觀研究》；讀博士則重點探討《藏漢佛教修道次第比較研究》，同時，把碩士論文修改增減，納入吾師《〈壇經〉大生命觀論綱》，忝列第二作者。三五年前突然發現，多年來所做生命文學、心理學、生死學、佛學，乃至禪茶等，都圍繞著「生命學」這一主線而展開。於是心血來潮，遂搭建個新框架，再將部分舊作增減刪改，轉換話語，融為《禪宗生命學》，也算是對這些年來學術主業的總結。

學問實乃各人生命軌跡的外化。這些年我看似灑脫，實際上，一直以來的習禪、研究生命學、到處往返參學交流，是為了自救啊！回憶過去，孩提時簡直就是金童，快樂而聰穎，渾身就像散發著光一般！讀高中時開始，應該是有了輕度抑鬱，只是當時不懂。具體表現，一是無法專心學習，心散了；二是內心極為敏感多愁，睡不好。所以已蘊積種種病因。上大學後，新舊因緣碰撞下立刻發顯為「肝炎」，虛弱多愁，躺在醫院裏，還成天吹簫寫詩，陰鬱低沉。出院了，病沒好，心想著此生定是要完蛋了！後來幸虧遇到家師，跟隨修習禪學。最終心性工夫一般，肝腎之氣卻出奇壯旺，還滋養出了一頭烏黑濃密的頭髮。然後就開始飄了，書也沒認認真真讀，工夫也沒踏踏實實做！看來還是得被這個世界多吊打幾回，才會真正反省、鞭策而提升自己！

如今，世界錘我千百遍，工作生活也好玩！遺憾的是身邊師友因緣聚散，都各自迎接大千之重錘去了！當然，世情本是如此，但凡有所期許強求，或是依賴依附，即是執著，即是妄作，人也就不可能真正成長、自立！誰的身邊不是去去來來，甚至死生別離！我所遇者，有的人再無音訊了，有的人心氣渙散了，而有的頻頻病重，或是年紀輕輕便已亡故了！幾十年，夢一般！

這些年，我成長過程中，也順手在自己能力範圍內助人解決過一些身心問題。最初有些洋洋得意，而後發現這些問題的解決，功德乃在中華文化智慧，我不過就是借舟渡人、遇事成長罷了，在解決問題過程中，施受、師徒雙方都只是中華生命智慧顯相的一小株花草嫩芽！但凡自許出世宗師、禪道獨傳，已然自障靈性，自斷生機！

同時，也有感於中華文化最大的魅力是其宏偉生命觀、全域生命論，其中死生一體，生生不息，各種生命形態間還存在生態的、良序的共同體關係；而且諸聖賢還不執著於教派相，發明了許多生命療愈、生命提升的實踐技術，保障了知行合一的實現。在此視野下，「禪」是各人的生命證境，並不局限於宗教相或非宗教相，禪者可以是出家人，也可以是積極投入社會、關愛社會、服務社會的世俗生命呈現者。

目前為止，雖經多年折騰，工作、收入也很普通，但最欣慰處是我研究的領域與真正想做的事一致，故而能夠安下心來工作、生活，已少了那些邊工作邊生活邊抱怨的自我內耗，更沒有了夫妻之間的拒斥敷衍。也是，所有的厭惡、憎恨、不滿都是因無法調御自心而造作出來的。想想每天吃那麼多肉食蔬菜，呼吸那麼潔淨的空氣，享受那麼溫暖的陽光，再由靈根相潤，才轉化出如此獨特的自己，卻在迷昧無知中無度耗費，傷人自傷，尤其還將破壞力指向自己最親近之人，這真是生命的不幸！何其卑微和可憐！難道還不應該反思、警醒、出離麼？

實際上，沒有哪種生活還能比現在、當下更好！過往種種之美，乃是過濾了的記憶，可還記得孩童時得不到糖果的哭鬧憤恨？又可還記得青春期懵懂盲目的痛徹心扉？至於總期盼明天會更好，明天在哪裏？此刻心若不安，在一個不存在的未來時刻又豈能真正放下？故而，幸福不過是澄下心來，在忙碌、困厄、欲望中學習生命的進退智慧，最終安頓於當下而已！於我如今，已很滿足當前生活，一天勞作後，我常常清空自己，懶懶地靠在陽臺上，看看落日煮煮茶，玩味玩味「夕陽煮」，故志之：

湖外遠山紅霞，輕風歸鷺煮茶。

淪盡前生來世，恍惚金童蓮花。

2024 年 3 月 16 日記於昆明。